职业院校专业课程改革系列教材

U0743852

汽车发动机总成拆装实训

QICHE FADONGJI ZONGCHENG CHAIZHUANG SHIXUN

陈利明　钱明钢　何云林◎主编

浙江工商大学出版社
ZHEJIANG GONGSHANG UNIVERSITY PRESS
·杭州·

图书在版编目(CIP)数据

　　汽车发动机总成拆装实训 / 陈利明,钱明钢,何云林主
编. —杭州:浙江工商大学出版社,2020.2
　　ISBN 978-7-5178-3682-7

　　Ⅰ. ①汽… Ⅱ. ①陈… ②钱… ③何… Ⅲ. ①汽车—发动
机—装配(机械)—中等专业学校—教材 Ⅳ. ①U464.06

　　中国版本图书馆 CIP 数据核字(2020)第020515号

汽车发动机总成拆装实训
QICHE FADONGJI ZONGCHENG CHAIZHUANG SHIXUN
陈利明　钱明钢　何云林 主编

责任编辑	厉　勇	
封面设计	雪　青	
责任印制	包建辉	
出版发行	浙江工商大学出版社	
	(杭州市教工路198号　邮政编码310012)	
	(E-mail:zjgsupress@163.com)	
	(网址:http://www.zjgsupress.com)	
	电话:0571-81902043,89991806(传真)	
排　　版	杭州朝曦图文设计有限公司	
印　　刷	杭州高腾印务有限公司	
开　　本	880mm×1230mm　1/16	
印　　张	13.75	
字　　数	275千	
版 印 次	2020年2月第1版　2020年2月第1次印刷	
书　　号	ISBN 978-7-5178-3682-7	
定　　价	55.00元	

编委会

前 言

现代汽车制造技术日新月异,汽车已进入千家万户,并融入人们的生活之中。与之相应,汽车维修行业也对从业者的素质提出了越来越高的要求。

早在十年前,教育部、交通部等六部委就联合发文,在《关于实施职业院校制造业和现代服务业技能型紧缺人才培养培训工程的通知》中,将汽车维修技术人员列为我国的紧缺人才。本书是按照教育部颁布的《汽车运用与维修专业领域技能型紧缺人才培养培训指导方案》要求,结合我校开展国家中等职业教育改革发展示范校建设的有利时机编写而成,是我校自编成果教材之一。该书紧密结合我校目前教学实际,注重对学生"自主发展"核心素养——操作能力的培养,书中融入大量"社会参与"核心素养——"7S管理"操作要求,使学生在操作过程中养成良好的操作习惯;通过大量的实践操作图片及文字说明,手把手地对学生进行操作指导,激发其学习兴趣,使学生对大众AJR发动机拆装的操作步骤了然于胸。

希望本书的出版,能对汽车维修专业的学生实践操作技能,以及行业从业人员技能水平的提高起到推动作用。

由于编者水平所限,书中难免存在不足之处,恳请读者赐教。

编者

2019 年 7 月

目录

项目一　拆卸外围设备

任务1
拆卸机油尺及套管、盖板支架、分缸线、燃油分配管、发电机皮带

一、项目说明

1. 机油尺及机油尺套管

机油尺一般是由钢材制成,安装在机油尺套管内。其主要作用是测量发动机内部润滑油液面的高度,具体如右图所示。

2. 发动机盖板支架

发动机盖板支架是由钢材制成,一个安装在进气歧管上,另一个安装在节气门体上。其用来安装发动机塑料盖板。

3. 点火高压线

点火高压线,又称分缸线,是连接点火模块和火花塞的连接导线,是点火系统中必不可少的一部分。其主要作用是把点火模块产生的高压火传递到火花塞,使气缸内点火燃烧做功,推动发动机。拆卸时为防止其被扯断,必须使用分缸线钳,且钳子要放在高压线的金属管部位。

4. 燃油分配管总成

燃油分配管总成属于燃油供给系统的一部分,其结构如右上图所示,包括进油管、回油管、燃油压力调节器和4个喷油器。其安装在发动机进气歧管上。

5. 发电机总成及发电机皮带和张紧器

发电机总成结构如右图所示,发电机皮带安装在曲轴皮带轮、发电机带轮、惰轮、转向助力泵带轮、空调压缩机带轮上,由张紧器张紧,防止打滑。其通过曲轴皮带轮带动,将曲轴的动力传递给发电机、水泵、空调压缩

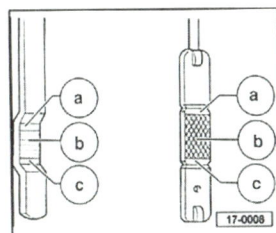

a. 不必加注机油
b. 可以加注机油
c. 必须加注机油
说明:
机油页面不能超过机油尺上的a标记位置

机油尺上的标记

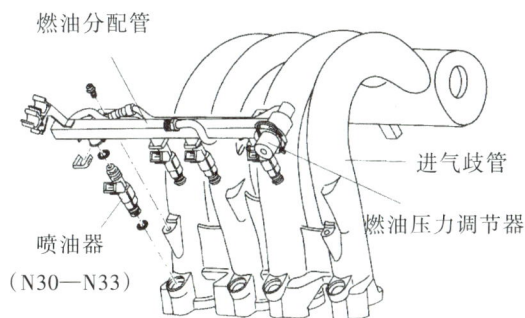

燃油分配管
进气歧管
燃油压力调节器
喷油器
（N30—N33）

燃油分配管总成

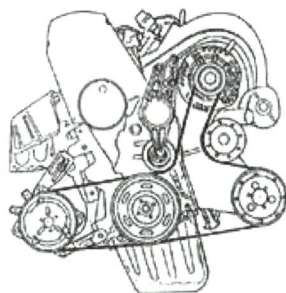

带空调压缩机的皮带布置图

1

机、转向助力泵。拆卸发电机皮带前要按照皮带旋转方向做好方向标记,如果反向使用皮带有可能被损坏。在安装时,保证皮带正确地啮合皮带轮。

拆卸皮带前还需用定位销按如右图所示的方法将张紧锁住,松开皮带以便拆卸发电机皮带。具体操作方法是:按箭头方向扳动皮带张紧器,用销插入张紧器,并进行固定,从而使皮带松弛,再进行拆卸。

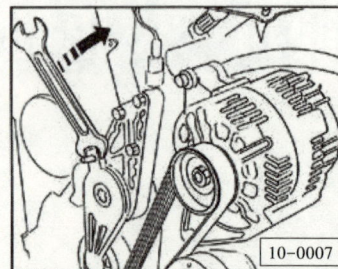

10-0007

拆卸皮带

二、实训时间

15min。

三、实训教学目标

1. 掌握机油尺、发动机盖板支架、点火高压线、燃油分配管总成、发动机传动皮带、发电机传动皮带张紧器,以及发电机总成的名称、结构和作用。

2. 会拆卸发电机传动皮带、各缸点火高压线以及发电机总成。

四、实训器材

 Φ13mm短套筒	 中号长接杆	 中号棘轮扳手
 分缸线钳	 Φ17mm开口扳手	 Φ6mm定位销
 抹布	 Φ6mm、Φ8mm六角旋具套筒	

五、教学组织

1. 教学组织形式

本课程为"工艺化"实训课,实训教师1名,学生32名,实训室共有8个实训工位,按照4人1个工位编组。

2. 学生的站位分工和要求

学生按规定的工位站立,根据教师的指令同时进行独立操作。

3. 实训教师职责

播放教学视频,并讲解实训项目的操作步骤和相关的注意事项;下达"开始操作"口令;巡视、检查、指导和纠正学生操作中的错误;课堂总结;组织学生对实训室进行清洁整理。

4. 学生职责

认真观看教学视频;完成教师布置的任务;做好课后的清洁整理工作。

六、核心素养

1. 学会自己判断工具的选择和正确使用工具的方法,培养学生自主学习能力。

2. 学会反思操作过程中的不足,并学会思考发电机拆装的技术要求是否合理,培养学生创新意识。

3. 学生在掌握相关操作技巧的前提下,完善团队合作,帮助指导其他同学,培养学生的合作精神、沟通能力和团队意识。

4. 要求学生管理好自己工位的零件摆放,达到美观的效果,培养学生的责任意识。

七、操作步骤

第一步　　拆卸机油尺	
1. 确认机油尺位置。 提示: 机油尺是用来测量发动机所含润滑油液位的标尺。	
2. 拔出机油尺。 提示: 一手拿抹布,一手向上拔出机油尺,用干净抹布防止机油滴落并清洁。	
3. 摆放机油尺。 提示: 将机油尺按规定位置摆放。	
第二步　　拆卸发动机盖板支架	
1. 确认进气歧管处发动机盖板支架。 提示: (1)进气歧管处发动机盖板支架由2个内六角螺栓固定。 (2)拆卸时要选择正确规格的工具,注意逆时针旋松。	

2. 选用Φ6mm内六角套筒、中号长接杆、中号棘轮扳手。 提示： （1）正确选择工具并组装，防止掉落。 （2）确认棘轮扳手方向。	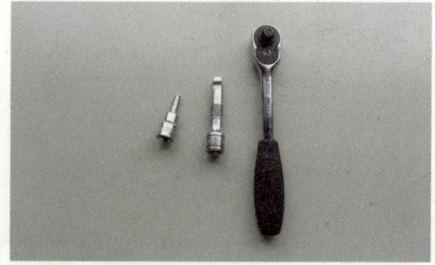
3. 预松进气歧管处发动机盖板支架螺栓。 提示： 利用工具对进气歧管处的发动机盖板支架螺母分两次预松，预松到3/4螺纹长度。	
4. 用手取下进气歧管处发动机盖板支架螺栓及盖板支架。 提示： 用手取下进气歧管处发动机盖板支架上的2颗紧固螺栓和盖板支架。	
5. 安放进气歧管处发动机盖板支架及其螺栓。 提示： 按规定位置摆放，注意螺栓不要掉地上。	
6. 确认节气门体侧发动机盖板支架。 提示： （1）节气门体侧发动机盖板支架由2个内六角螺栓固定。 （2）拆卸时要选择正确规格的工具，注意逆时针旋松。	
7. 选用Φ6mm内六角套筒、中号长接杆、中号棘轮扳手。 提示： （1）正确选择工具并组装，防止掉落。 （2）确认棘轮扳手方向。	

8. 预松节气门体侧发动机盖板支架螺栓。 提示： 利用工具对节气门体侧的发动机盖板支架螺母分两次预松，预松到3/4螺纹长度。	
9. 用手取下节气门体侧发动机盖板支架螺栓及盖板支架。 提示： 用手取下节气门体侧发动机盖板支架上的2颗紧固螺栓和盖板支架，并将其按规定位置摆放。	
10. 安放节气门体侧发动机盖板支架及其螺栓。 提示： 按规定位置摆放，注意螺栓不要掉地上。	

第三步　拔下各缸点火高压线

1. 确认各缸点火高压线的位置。 提示： （1）AJR发动机为4缸发动机，所以有4根高压线。为了避免混淆，在拔下之前做好1缸、2缸、3缸、4缸记号。 （2）拔高压线必须用专用工具——分缸线钳。	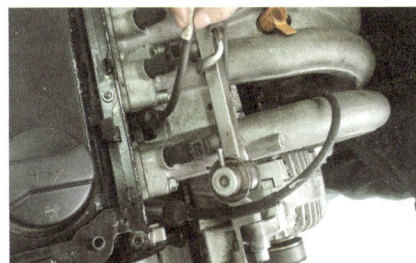
2. 取出分缸线钳。 提示： 确认分缸线钳的技术状况，了解分缸线钳的正确使用。	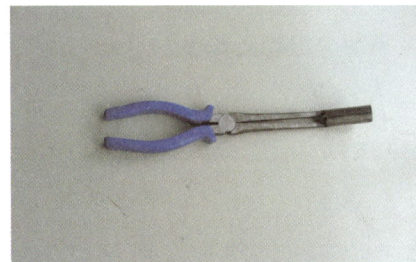
3.使用分缸线钳拔下各缸点火高压线。 提示： 在使用分缸线钳拔点火高压线时，必须钳在高压线的金属管部位。	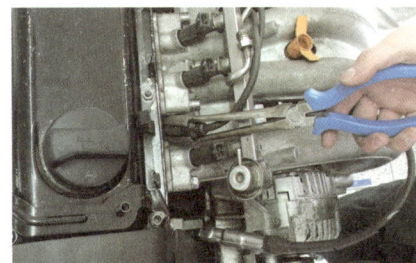

第四步　拆卸燃油分配管	
1. 确认燃油分配管。 提示： (1)燃油分配管通过2个内六角螺栓固定在进气歧管上。 (2)拆卸时要选择正确规格的工具,注意旋松方向,逆时针旋松。	
2. 选用Φ6mm内六角套筒、中号长接杆、中号棘轮扳手。 提示： (1)正确选择工具并组装,防止掉落。 (2)确认棘轮扳手方向。	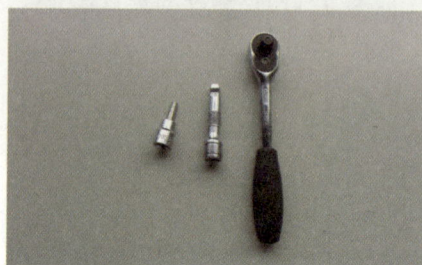
3. 预松燃油分配管固定螺栓。 提示： 利用工具对燃油分配管的固定螺栓分两次预松,预松到3/4螺纹长度。	
4. 用双手取下燃油分配管固定螺栓和燃油分配管。 提示： 用双手取下燃油分配管固定螺栓和燃油分配管,防止零件掉落,将其按规定位置摆放。	
5. 安放燃油分配管及其固定螺栓。 提示： 按规定位置摆放,注意螺栓不要掉地上。	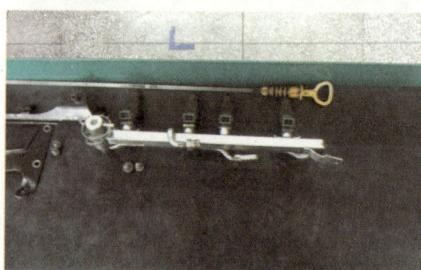
第五步　拆卸发电机传动皮带	
1. 确认发电机传动皮带位置。 提示： 发电机传动皮带通过张紧器张紧,若要拆卸发电机传动皮带,必须使张紧器松开。	

2. 确认发电机传动皮带张紧器。

提示:

AJR发动机发电机传动皮带张紧器属于自张紧器,可以通过扳动张紧器,然后用固定销固定张紧器,使张紧器松开。

3. 选用Φ17mm开口扳手、固定销。

提示:

使用开口扳手时,必须区分受拉面和受压面。

4. 扳动皮带张紧器并固定。

提示:

一只手拿固定销,另一只手拿开口扳手,先用开口扳手顺时针方向扳动张紧器到最右端,然后使用固定销插入张紧器定位孔,固定张紧器,最后松开扳手。在操作过程中用力要稳,防止开口扳手滑脱。

5. 用手取下发电机传动皮带。

提示:

根据发电机传动皮带的旋转方向,用记号笔在皮带上做好"→"记号。然后用双手取下发电机传动皮带,将其按规定位置摆放。

6. 安放发电机传动皮带。

提示:

按规定要求摆放皮带,皮带所占用工具车的面积较大,可等后面拆下的零部件将其夹紧。

7. 松开张紧器,取下固定销。

提示:

先用开口扳手顺时针方向扳动张紧器到最右端并保持,迅速用另一只手取下固定销,固定张紧器,然后慢慢地放松开口扳手,使张紧器松开。在操作过程中用力要稳,防止开口扳手滑脱。

第六步　拆卸发电机传动皮带张紧器	
1. 确认发电机传动皮带张紧器。 提示： 发电机传动皮带张紧器是通过3个螺栓固定在发动机上的。	
2. 选用中号棘轮扳手、中号长接杆、Φ13mm短套筒。 提示： （1）正确选择工具并组装，防止掉落。 （2）确认棘轮扳手方向。	
3. 预松发电机传动皮带张紧器固定螺栓。 提示： 利用工具对发电机传动皮带的固定螺栓分两次预松，预松到3/4螺纹长度。	
4. 取下发电机传动皮带张紧器固定螺栓和发电机传动皮带张紧器。 提示： 用双手取下发电机传动皮带张紧器固定螺栓和发电机传动皮带张紧器，防止零件掉落。	
5. 安放发电机皮带张紧器及其固定螺栓。 提示： 按规定位置摆放，摆放应整齐有序。	
第七步　拆卸发电机总成	
1. 确认发电机总成位置。 提示： （1）发电机总成通过2个内六角螺栓固定在发动机上。 （2）拆卸时要选择正确规格的工具，注意逆时针旋松。	

2. 选用TX50花形套筒、中号长接杆、中号棘轮扳手。 提示： (1)正确选择工具并组装,防止掉落。 (2)确认棘轮扳手方向。	
3. 预松发电机总成固定螺栓。 提示： 利用工具对发电机总成的固定螺栓分2次预松,预松到3/4螺纹长度。	
4. 取下发电机总成固定螺栓和发电机总成。 提示： 用双手取下发电机总成固定螺栓和发电机总成,发电机比较重,防止掉落。	
5. 安放发电机总成及其固定螺栓。 提示： 按规定位置摆放,应安放于零件车内,防止发电机总成掉到地上损坏。	

第八步　拆卸机油尺套管

1. 确认机油尺套管。 提示： 机油尺套管直接安装在气缸体上,方便机油尺安装和拆卸。	
2. 拆卸机油尺套管。 提示： 用手从进气歧管下部往上拔出机油尺套管,用干抹布防止机油滴落并清洁。	

3. 摆放机油尺套管。

提示：

按规定位置放好机油尺套管。

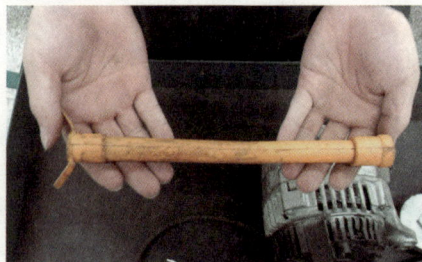

八、评价标准

任务1　拆卸机油尺及套管、盖板支架、分缸线、燃油分配管、发电机皮带评分标准

序号	拆装项目:项目一 任务1 操作时间:15min 拆装步骤	实际用时:	规范 操作	工具 使用	拆装 要点	总分 得/扣分
1	拔下机油尺并摆放。		1			
2	预松进气歧管处发动机盖板支架螺栓。		1	1		
3	拆卸并取下进气歧管处发动机盖板支架、螺栓。		2	1		
4	预松节气门体侧发动机盖板支架螺栓。		1	1		
5	拆卸并取下节气门体侧发动机盖板支架、螺栓。		2	1		
6	用高压线钳拔下各缸点火高压线。 要点:钳在高压线的金属管部位。		1	1	2	
7	预松燃油分配管总成紧固螺栓。		1	1		
8	拆卸并取下松燃油分配管总成、紧固螺栓。		2	1		
9	扳动张紧器,用固定销固定张紧器。		2	1		
10	取下发电机传动皮带。		1			
11	松开张紧器,取下固定销。		2	1		
12	预松发电机传动皮带张紧器紧固螺栓。		2	1		
13	拆卸发电机传动皮带张紧器紧固螺栓。		2	1		
14	取下发电机传动皮带张紧器。		1			
15	预松发电机总成上下紧固螺栓。		2	1		
16	拆卸发电机总成上下紧固螺栓。		2	1		
17	取下发电机总成。		2			
18	从下部往上拔出机油尺套管。		1			
19	清洁整理工具,操作不当扣2分。		2			
20	整理工作台,操作不当扣2分。		2			
21	操作过程中发生零件、工具落地,每发生一次扣0.5分,共10分,扣完为止。		10			
22	零部件摆放没有按照拆装次序,扣5分;零部件摆放凌乱,扣5分。		5			
23	每超时1min扣3分,允许延时5min。		3			
24	由于拆装引起的零件损坏、丢失等,一次扣10分。		10			
25	由于拆装引起的人身伤害,一次扣20分。		20			

任务 2

拆卸曲轴通风管、节气门体、进气歧管、点火模块总成、冷却液金属管

一、项目说明

1. 曲轴通风管

曲轴通风管一般由塑性材料制成,连接气门室与进气管。其主要作用是将窜到曲轴箱的废气输送给进气歧管,使这些废气重新混合燃烧。通过进气管上安装的真空管将窜到曲轴箱内的可燃混合气吸入进气管中,然后将这些可燃混合气重新吸入气缸内进行燃烧。

2. 节气门体及连接水管

节气门体是发动机进气系统上的一个装置,是控制发动机进气量的一个阀门。节气门体一般分三部分:执行器、节气门片和节气门位置传感器。其上面的水管属于冷却系小循环的一部分,其主要作用是给节气门体加热,使通过节气门的空气温度升高,以便汽油更好地雾化;还可以防止曲轴通风管处过来的汽油蒸汽在节气门体上遇冷凝结。

3. 点火模块

点火模块也称为点火控制器,内部集成电路主要由整形电路、放大电路和开关电路组成,其主要起开关作用,用来控制点火系统初级电路的导通与截止。

4. 上冷却液金属水管(粗)及三通口

上冷却液金属水管(粗)是冷却系统大循环的一部分,它连接气缸盖三通口和散热器。三通口安装在气缸盖后部,一端连接空调暖风系统进水口,一端安装冷却液传感器,另一端连接上冷却液金属水管(粗),通过大循环将气缸盖出来的高温冷却液输送到散热器。

5. 进气歧管

进气歧管一般有铝合金材料制成,连接节气门体和各缸燃烧室,其作用就是把一根进气总管分出4根支管的一个管路,满足每一个气缸单独进气的功能。

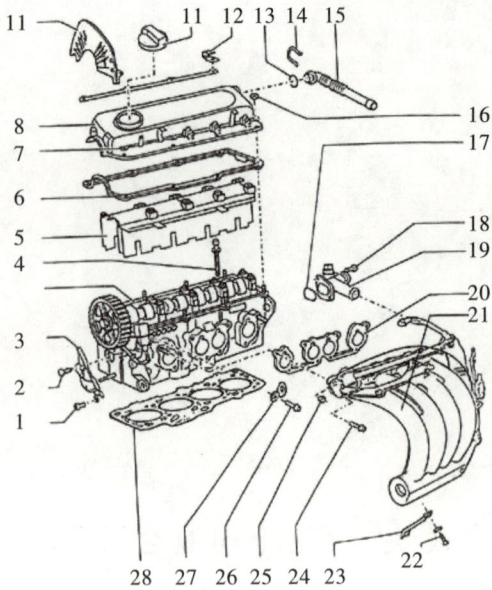

1	螺栓（拧紧力矩15N·m）	15	央箍
2	25、27螺栓（拧紧力矩20N·m）	16	曲轴箱通气软管
3	正时齿带后护板	17	螺母（拧紧力矩12N·m）
4	气缸盖总成	18	密封圈
5	气缸盖螺栓	19	螺栓（拧紧力矩10N·m）
6	机油反射罩	20	凸缘
7	气门罩盖衬垫	21	进气歧管衬垫
8	紧固压条	22	进气歧管
9	气门罩盖	23	进气歧管支架
10	压条	24	进气歧管支架紧固螺栓
11	正时齿带后上罩	26	螺母（拧紧力矩20N·m）
12	加机油口盖	28	吊耳
13	支架	29	气缸盖衬垫
14	密封圈		

进气歧管

二、实训时间

15min。

三、实训教学目标

1. 知道曲轴通风管、节气门体、节气门连接水管、点火模块、分缸线、上冷却液金属水管、三通口以及进气歧管的名称、结构和作用。

2. 会拆卸节气门体、分缸线、点火模块、进气歧管以及上冷却液金属水管和三通口。

四、实训器材

Φ10mm长套筒	中号长接杆	棘轮扳手
一字螺丝刀	十字螺丝刀	尖嘴钳

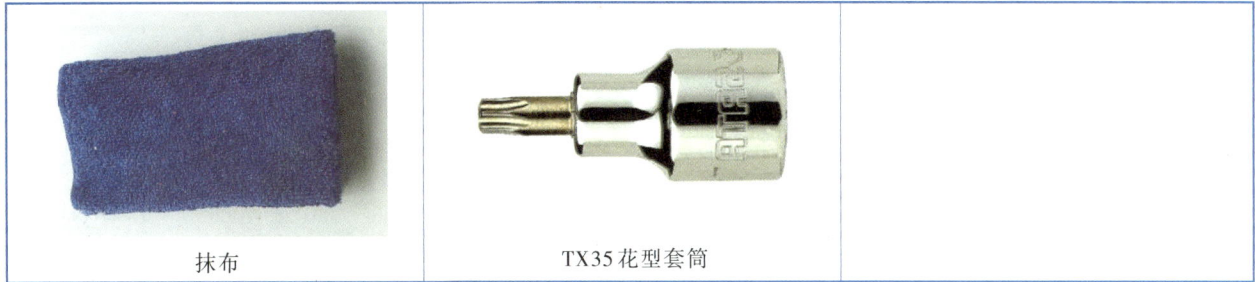

抹布	TX35 花型套筒

五、教学组织

1. 教学组织形式

本课程为"工艺化"实训课,实训教师1名,学生32名,实训室共有8个实训工位,按照4人1个工位编组。

2. 学生的站位分工和要求

学生按规定的工位站立,根据教师的指令同时进行独立操作。

3. 实训教师职责

播放教学视频,并讲解实训项目的操作步骤和相关的注意事项;下达"开始操作"口令;巡视、检查、指导和纠正学生操作中的错误;课堂总结;组织学生对实训室进行清洁整理。

4. 学生职责

认真观看教学视频;完成教师布置的任务;做好课后的清洁整理工作。

六、核心素养

1. 培养学生学会观察,通过教师操作演示学会正确高效的使用内六角扳手拆装节气门控制组件。

2. 提升学生团队合作意识,协同学习,在拆卸进气歧管时两人合作,避免出现安全事故。

3. 思考节气门控制组件的结构设计及各管路接头的连接去向,激发学生学习兴趣。

4. 合理摆放零件和工具,培养学生的职业素养和职业道德意识。

七、操作步骤

第一步　脱开曲轴箱通风管

1. 确认曲轴箱通风管位置。 提示: 曲轴箱通风管为塑料件,是连接气门室罩盖和进气管的通风装置,它可将窜入油底壳的混合气引导到进气管,进入气缸参与燃烧。它通过一个卡簧连接在气门室罩盖上。	
2. 选用尖嘴钳、干净抹布。 提示: 卡簧通过本身的弹力将曲轴箱通风管的一端固定在气门室罩盖上,可使用尖嘴钳来拆卸。	

3. 拔下卡簧。 提示： 一只手拿抹布，另一只手拿尖嘴钳，夹住卡簧后端，向后用力拔出卡簧，用干净抹布清洁。	
4. 安放卡簧。 提示： 将卡簧安放到零件车上，摆放要整齐。	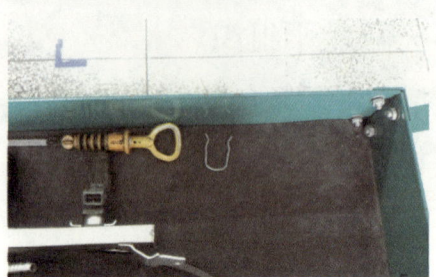
5. 脱开曲轴箱通风管。 提示： 用手将曲轴箱通风管从气门室罩盖上脱开，然后清洁防止机油滴落。在拆卸过程中注意用力要轻，防止曲轴箱通风管破裂。	

第二步　松开节气门体前侧进气管抱箍

1. 确认节气门体前侧进气管抱箍。 提示： 节气门体车侧进气管抱箍是一个可重复拆卸使用式的金属抱箍，拆卸时可使用一字螺丝刀，也可用Φ6mm套筒。顺时针紧，逆时针松。	
2. 选用一字螺丝刀。 提示： 选用一字螺丝刀逆时针旋转金属抱箍，便可将抱箍松开。	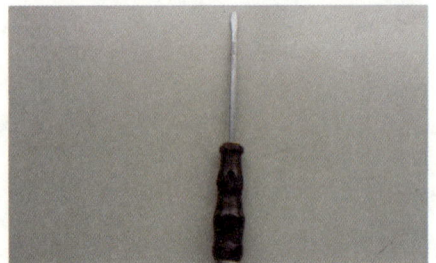
3. 松开节气门体前侧进气管抱箍。 提示： 一只手扶住进气管，另一只手用一字螺丝刀逆时针旋转抱箍螺栓，将抱箍松开到足以从进气管上取下来的程度。	

4. 取下进气管。 提示： 首先用双手将抱箍移出进气管安装凹槽,然后将进气管连同曲轴箱通风管一起从节气门体上拆下来。防止曲轴箱通风管和进气管抱箍掉落,将进气管和曲轴箱通风管按规定位置摆放。	
5. 安放进气管。 提示： 按规定位置摆放,应安放于零件车内。	

第三步　拆卸脱开节气门体上的连接水管(软管)

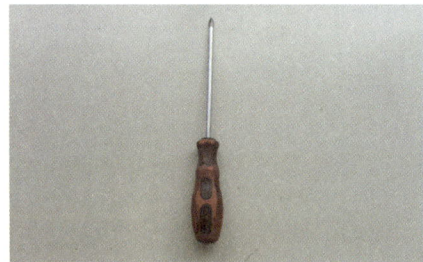

1. 确认节气门体上的外侧连接水管抱箍。 提示： 节气门体上的外侧连接水管抱箍是一个可重复拆卸使用式的金属抱箍,拆卸时可使用十字螺丝刀,也可用Φ6mm套筒。顺时针紧,逆时针松。	
2. 选用十字螺丝刀。 提示： 选用十字螺丝刀逆时针旋转金属抱箍,便可将抱箍松开。	
3. 松开节气门体上的外侧连接水管抱箍。 提示： 一只手扶住水管,另一只手用一字螺丝刀逆时针旋转抱箍螺栓,将抱箍松开到足以从节气门体上取下来的程度。	
4. 脱开节气门体上的外侧连接水管。 提示： 首先用双手将抱箍移开原来的安装位置,然后用手将节气门体上的外侧连接水管从节气门体上脱开。用力要稳,以防手撞到发动机而受伤。同时要防止抱箍掉落。	

5. 用手取下节气门体上的外侧连接水管抱箍。 提示： 由于抱箍已经松开,可以用手将节气门体上的外侧连接水管抱箍从冷却液软管上取下,并将其按规定位置摆放。	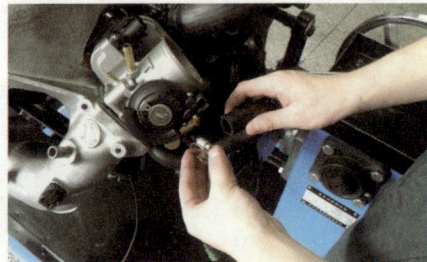
6. 安放水管抱箍。 提示： 由于抱箍较小,注意记下安放位置,可将成套零部件安放在一起,便于安装。	
7. 确认节气门体上的内侧连接水管抱箍。 提示： 节气门体上的内侧连接水管抱箍是一个可重复拆卸使用式的金属抱箍,拆卸时可使用十字螺丝刀,也可用Φ6mm套筒。顺时针紧,逆时针松。	
8. 选用十字螺丝刀。 提示： 选用十字螺丝刀逆时针旋转金属抱箍,可将抱箍松开。	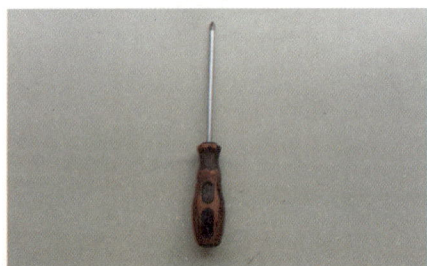
9. 松开节气门体上的内侧连接水管抱箍。 提示： 一只手扶住水管,另一只手用一字螺丝刀逆时针旋转抱箍螺栓,将抱箍松开到足以从节气门体上取下来的程度。	
10. 脱开节气门体上的内侧连接水管。 提示： 先用双手将抱箍移开原来的安装位置,然后用手将节气门体上的内侧连接水管从节气门体上脱开。用力要稳,以防手撞到发动机而受伤。同时要防止抱箍掉落。	

11. 取下节气门体上的内侧连接水管抱箍。 提示： 由于抱箍已经松开,可以用手将节气门体上的外侧连接水管抱箍从冷却液软管上取下,并将其按规定位置摆放。	
12. 安放水管抱箍。 提示： 由于抱箍较小,注意记下安放位置,两个抱箍安放在一起,便于后续安装。	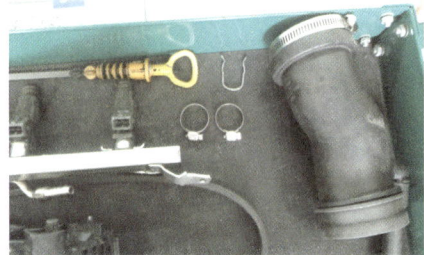

<table>
<tr><td colspan="2" align="center">第四步　拆卸节气门体总成</td></tr>
<tr><td>1. 确认节气门体总成位置。

提示：

(1)AJR 发动机节气门体总成通过 4 个螺栓固定在进气歧管上。

(2)拆卸时,要注意根据需要选择正确规格的工具,注意逆时针旋松。</td><td></td></tr>
<tr><td>2. 选用 TX30 花形套筒、中号长接杆、中号棘轮扳手。

提示：

(1)正确选择工具并组装,防止掉落。

(2)确认棘轮扳手方向。</td><td>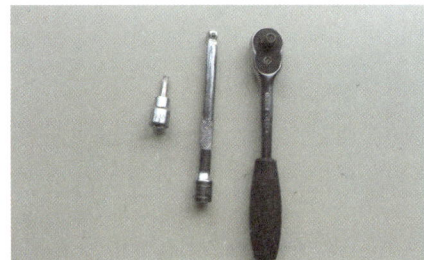</td></tr>
<tr><td>3. 预松节气门体总成固定螺栓。

提示：

按对角线方向,利用工具对节气门体总成固定螺栓分两次预松,预松到 3/4 螺纹长度。</td><td></td></tr>
<tr><td>4. 取下节气门体总成固定螺栓、节气门体总成以及密封垫。

提示：

用手取下节气门体总成的 4 颗紧固螺栓、节气门体总成和密封垫,并将其按规定位置摆放。</td><td>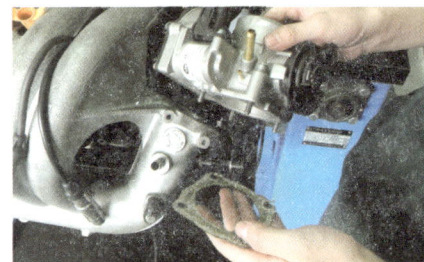</td></tr>
</table>

5. 安放节气门体总成、密封垫及固定螺栓。 提示： 将零部件安放在零件车上，摆放应整齐，将节气门体总成、密封垫及固定螺栓安放在一起，便于后续安装。	

第五步　拆卸进气歧管

1. 确认进气歧管位置。 提示： （1）AJR 发动机进气歧管通过 2 个螺母和 6 个螺栓固定在气缸盖上。 （2）拆卸时根据需要正确选择工具，注意逆时针旋松。 （3）拆卸时由两边到中间预松进气歧管紧固螺栓。	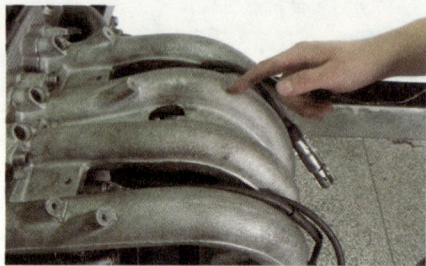
2. 选用中号棘轮扳手、中号长接杆、14 套筒。 提示： （1）正确选择工具并组装，防止掉落。 （2）确认棘轮扳手方向。	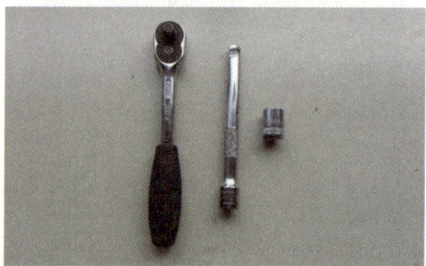
3. 预松进气歧管固定螺母。 提示： 进气歧管通过 2 个螺母和 6 个螺栓固定在气缸盖上，先预松左右 2 个螺母。利用工具对进气歧管 2 个固定螺母分两次预松，预松到 3/4 螺纹长度。	
4. 选用大号棘轮扳手、大号长接杆、大号万向节、TX54 花形套筒、转换接头。 提示： （1）正确选择工具并组装，防止掉落。 （2）确认棘轮扳手方向。 （3）由于这 6 个螺母拆装的空间比较小，所以要使用万向节。	
5. 预松进气歧管固定螺栓。 提示： 进气歧管通过 2 个螺母和 6 个螺栓固定在气缸盖上，需要先拆螺栓再拆螺母，所以此时预松其余 6 个螺栓。利用工具对进气歧管 6 个固定螺栓分两次预松，预松到 3/4 螺纹长度。	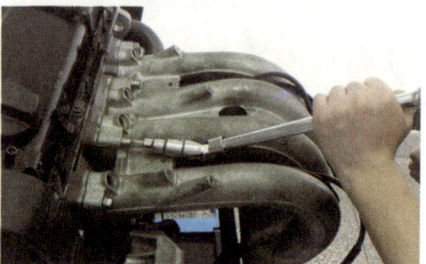

内容	图片
6. 取下进气歧管固定螺栓和螺母。 提示： 先用手取下进气歧管的6个紧固螺栓，再取下2个固定螺母。	
7. 取下进气歧管螺母。 提示： 防止零部件掉落。	
8. 取下进气歧管。 提示： 进气歧管较重，应使用双手取下，绝不允许零件掉落。	
9. 安放进气歧管。 提示： 将进气歧管安放到工作台橡胶垫上。注意进气歧管安装平面不得与硬物相碰。	
10. 确认进气歧管密封垫的位置。 提示： 进气歧管密封垫的作用是密封，防止漏气。该密封垫是纸质的，为一次性用品，每拆卸一次要更换一个。在教学中，可以重复使用，所以拆卸时要防止损坏。	
11. 取下进气歧管密封垫。 提示： 由于进气歧管密封垫是纸质的，为防止损坏，必须用双手取下，将其摆放到规定位置。	

12. 安放进气歧管密封垫。

提示：

将进气歧管密封垫安放到工作台橡胶垫上。

第六步　拔下分缸线

1. 确认分缸线位置。

提示：

AJR 发动机分缸线有 4 根，长短不一，但安装位置是一定的，所以在把分缸线从点火模块上拔下来之前，应做好记号，避免混淆。

2. 拔下分缸线。

提示：

用手拔分缸线时切不可拉扯中间部分，以免内部断裂而影响点火。应该拿住插头的位置，然后再拔下分缸线。

3. 安放分缸线。

提示：

将分缸线安放到工作台上，一定要并有序摆放。

第七步　拆卸点火模块总成

1. 确认点火模块的位置。

提示：

(1)点火模块位于进气歧管内侧，由 3 个螺栓固定在进气歧管上。

(2)拆卸时要选择正确规格的工具，注意逆时针旋松。

2. 选用 TX25 花形套筒、中号长接杆、中号棘轮扳手。

提示：

(1)选择正确规格的工具并组装，防止掉落。

(2)确认棘轮扳手方向。

3. 预松点火模块总成固定螺栓。 提示： 利用工具对点火模块总成的固定螺栓分3次预松，预松到3/4螺纹长度。	
4. 取下点火模块总成固定螺栓以及点火模块总成。 提示： 先用手取下点火模块总成固定螺栓，再取下点火模块总成，并将其按规定位置摆放。	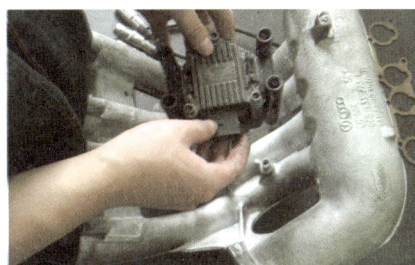
5. 安放进气歧管总成。 提示： 将点火模块总成安放到工作台上，将进气先安放到工具车上，再将其他零部件安放到工具车上的合适位置。注意进气歧管较重，不可放在别的零部件上面。	

第八步 拆卸冷却液金属水管（粗）

1. 确认冷却液金属水管（粗）。 提示： 冷却液金属水管（粗）是通过两个螺栓固定在发动机上的，另一端还通过橡胶软管与气缸盖处的三通口相连。	
2. 确认上冷却液金属水管（粗）橡胶软管抱箍的位置。 提示： 冷却液金属水管（粗）橡胶软管抱箍是一个可重复拆卸使用式的金属抱箍，拆卸时可使用十字螺丝刀，也可用Φ6mm套筒。顺时针紧，逆时针松。	
3. 选用一字螺丝刀。 提示： 选用一字螺丝刀逆时针旋转金属抱箍，可将抱箍松开。	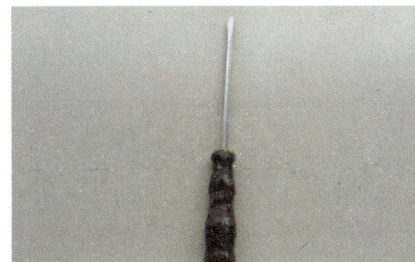

4. 松开冷却液金属水管(粗)橡胶软管抱箍。 提示： 一只手扶住水管,另一只手用一字螺丝刀逆时针旋转抱箍螺栓,将抱箍松开到足以从三通口上取下来的程度。	
5. 脱开三通口与上冷却液金属水管(粗)橡胶软管。 提示： 首先用手将抱箍移开原来的安装位置,然后握住橡胶软管用力往后拉,将橡胶软管从三通口上拆下来。用力要稳,以防手撞到发动机而受伤。同时要防止抱箍掉落。	
6. 取下上冷却液金属软管(粗)橡胶管抱箍。 提示： 由于抱箍已经松开,可以用手将上冷却液金属软管(粗)橡胶管抱箍从冷却液软管上取下。	
7. 安放上冷却液金属软管(粗)橡胶管抱箍。 提示： 将上冷却液金属软管(粗)橡胶管抱箍按规定位置摆放。	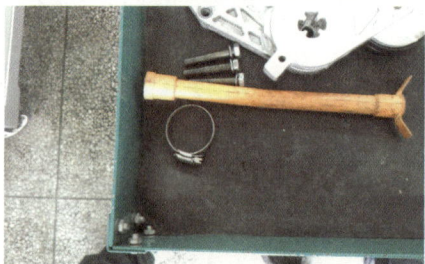
8. 选用中号棘轮扳手、中号长接杆、Φ13mm套筒。 提示： (1)正确选择工具并组装,防止掉落。 (2)确认棘轮扳手方向。	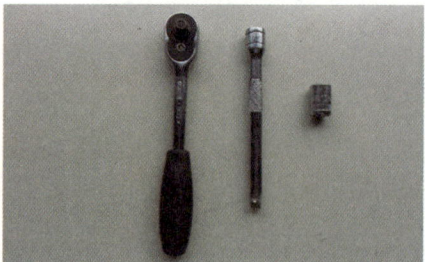
9. 预松上冷却液金属水管(粗)固定螺栓。 提示： 利用工具对上冷却液金属水管(粗)固定螺栓分两次预松,预松到3/4螺纹长度。	

10. 选用Φ10mm套筒、中号长接杆、中号棘轮扳手。 提示： （1）正确选择工具并组装，防止掉落。 （2）确认棘轮扳手方向。	
11. 预松上冷却液金属水管（粗）固定螺栓（上）。 提示： 利用工具对上冷却液金属水管（粗）固定螺栓（上）分两次预松，预松到3/4螺纹长度。	
12. 取下上冷却液金属水管（粗）固定螺栓及上冷却液金属水管（粗）。 提示： 先用手取下上冷却液金属水管（粗）固定螺栓，再取下上冷却液金属水管（粗），并将其按规定位置摆放。	
13. 安放上冷却液金属水管（粗）固定螺栓及上冷却液金属水管（粗）。 提示： 将上冷却液金属水管（粗）固定螺栓及上冷却液金属水管（粗）安放到零件车上的合适位置。	

第九步　拆卸冷却液三通口

1. 确认冷却液三通口的位置。 提示： 冷却液三通口是通过2个螺栓固定在气缸盖后侧。	
2. 选用中号棘轮扳手、中号长接杆、Φ10mm短套筒。 提示： （1）正确选择工具并组装，防止掉落。 （2）确认棘轮扳手方向。	

3. 预松冷却液三通口固定螺栓。 提示： 利用工具对冷却液三通口的固定螺栓分两次预松，预松到3/4螺纹长度。	
4. 取下冷却液三通口固定螺栓和冷却液三通口。 提示： 用手取下冷却液三通口固定螺栓和冷却液三通口，防止零件掉落，将其按规定位置摆放。	
5. 安放冷却液三通口固定螺栓和冷却液三通口。 提示： 将冷却液三通口固定螺栓和冷却液三通口安放到零件车上的合适位置，与相应零部件放在一起。	

八、评价标准

任务2　拆卸曲轴通风管、节气门体、进气歧管、点火模块总成、冷却液金属管

序号	拆装项目：项目一 任务2 操作时间：15min	实际用时：	评分标准			总分
			规范操作	工具使用	拆装要点	
	拆装步骤					得/扣分
1	拔下卡簧，脱开曲轴箱通风管。		2	1		
2	松开节气门体前侧进气管抱箍，取下进气管。		2	1		
3	脱开节气门体上的外侧连接水管（软管）。		2			
4	脱开节气门体上的内侧连接水管（软管）。		2			
5	预松节气门体紧固螺栓，要点：应对角线预松。		1	1	2	
6	拆卸节气门体紧固螺栓。		2	1		
7	取下节气门总成。		1			
8	预松进气歧管紧固螺栓（螺母），由从两边到中间预松进气歧管紧固螺栓。		2	2	2	
9	拆卸进气歧管紧固螺栓（螺母），要点：螺母后拆。		2	2	2	
10	取下进气歧管，要点：平稳取下，防止损伤。		2		2	

序号	拆装项目:项目一 任务2	实际用时:	评分标准			总分
	操作时间:15min		规范操作	工具使用	拆装要点	
	拆装步骤					得/扣分
11	取下进气歧管密封垫。		1			
12	拔下分缸线。		2			
13	预松点火模块总成紧固螺栓,要点:应分次预松紧固螺栓。		1	1	2	
14	拆卸点火模块总成紧固螺栓。		1	1		
15	取下点火模块总成。		1			
16	脱开三通口侧与上冷却液金属水管(粗)的连接水管。		2			
17	预松上冷却液金属水管(粗)螺栓。		1	1		
18	拆卸上冷却液金属水管(粗)螺栓。		1	1		
19	取下上冷却液金属水管(粗)。		1			
20	预松冷却液三通口螺栓。		2	2		
21	拆卸冷却液三通口螺栓。		2	2		
22	取下三通口。		1			
23	清洁整理工具,操作不当扣2分。		2			
24	整理工作台,操作不当扣2分。		2			
25	操作过程中发生零件、工具落地,每发生一次扣0.5分,共10分,扣完为止。		10			
26	零部件摆放没有按照拆装次序,扣5分;零部件摆放凌乱,扣5分。		5			
27	每超时1min扣3分,允许延时5min。		3			
28	由于拆装引起的零件损坏、丢失等,一次扣10分。		10			
29	由于拆装引起的人身伤害,一次扣20分。		20			

任务3

拆卸机油滤清器和座、转速传感器、爆震传感器、下冷却液金属水管、进水管接头、节温器、排气歧管

一、项目说明

1. 机油滤清器及机油滤清器座总成

机油滤清器的作用是滤除机油中的杂物、胶质和水分,向各润滑部位输送清洁的机油。其安装在机油滤清器座上,拆装时需要使用专用工具——机油滤清器扳手。

机油滤清器座总成结构如下图所示。

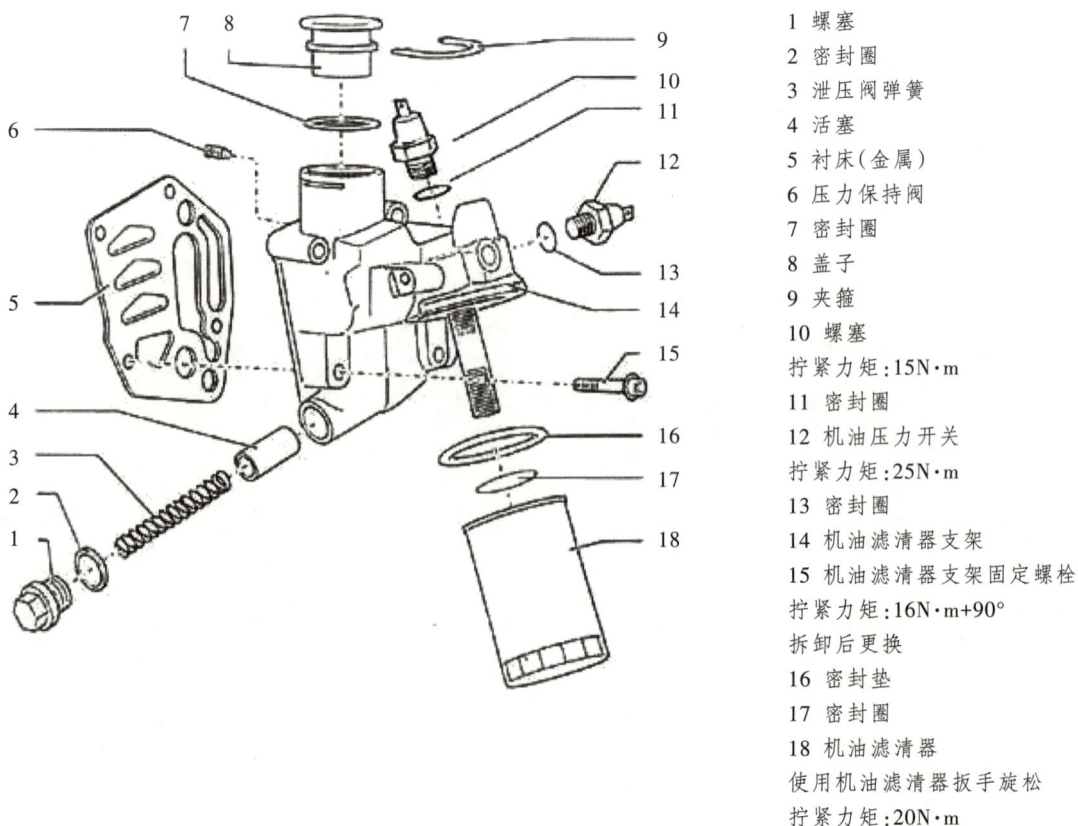

1　螺塞
2　密封圈
3　泄压阀弹簧
4　活塞
5　衬床(金属)
6　压力保持阀
7　密封圈
8　盖子
9　夹箍
10　螺塞
　　拧紧力矩:15N·m
11　密封圈
12　机油压力开关
　　拧紧力矩:25N·m
13　密封圈
14　机油滤清器支架
15　机油滤清器支架固定螺栓
　　拧紧力矩:16N·m+90°
　　拆卸后更换
16　密封垫
17　密封圈
18　机油滤清器
　　使用机油滤清器扳手旋松
　　拧紧力矩:20N·m

2. 转速传感器及爆震传感器

转速传感器是对汽车上检测各类转动部件运转情况的传感器的统称,其大致的功能主要包括两个方面:一是检测运动部件的转速或转角;二是判定运动部件的转动位置。大众 AJR 发动机的转速传感器是采集曲轴转动角度和发动机转速信号输入控制单元 ECU,以便确定点火时刻和喷油时刻。安装在靠近飞轮的气缸体上。

爆震传感器是检测发动机的爆震信号,并将信号输入控制单元 ECU,控制点火时刻,实现爆震控制(点火时刻闭环控制),防止爆震,同时获得最佳性能。点火时刻闭环控制:利用爆震传感器检测是否发生爆震,有爆震则推迟点火时刻,无爆震则提前点火时刻,使点火时刻在任何情况下都保持最佳值。大众 AJR 发动机有两个爆震传感器,一个装在 1,2 缸之间的缸体上,另一个装在 3,4 缸之间的缸体上。

3. 下冷却液金属水管、进水管接头及节温器

下冷却液金属水管(细)是冷却系统小循环的一部分,连接气缸盖三通口与水泵进水口。进水管接头如图所示,安装在水泵进水口,其连接散热器出水管和水泵进水口,其内侧装有节温器。

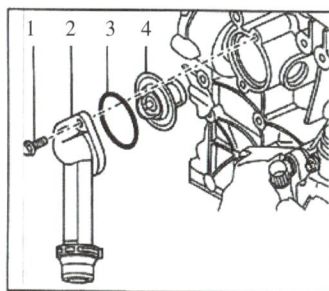

1　固定螺栓
2　进水管接头
3　密封圈
4　节温器

节温器是根据冷却水温度的高低自动调节进入散热器的水量,改变水的循环范围,即控制大小循环,以调节冷却系统的散热能力,保证发动机在合适的温度范围内工作。节温器必须保持良好的技术状态,否则会严重影响发动机的正常工作。如节温器主阀门开启过迟,就会引起发动机过热;主阀门开启过早,则使发动机预热时间延长,使发动机温度过低。

4. 排气歧管及密封垫

排气歧管是发动机排气系统的一部分。发动机排气系统有两个作用:一是将燃烧过后的高温废气引至车后或车侧排出,以免影响车内乘员;二是利用消音器将在高温高压的废气排放过程中所产生的噪音降至允许的限度。整个废气排放过程中最先碰到的是排气歧管,排气歧管在设计上最重要的是避免各气缸间的排气相互干扰,使废气尽可能地排出管外。

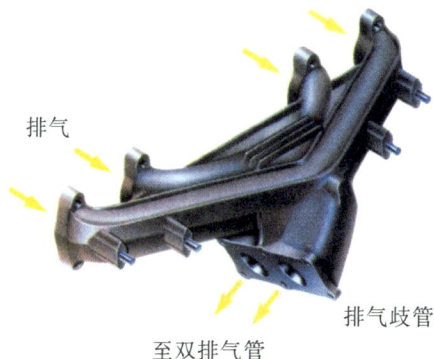

排气

排气歧管

至双排气管

排气歧管密封垫是由钢材制成的金属密封垫。其主要作用是保证排气歧管与气缸盖之间密封。

二、实训时间

15min。

三、实训教学目标

1. 掌握机油滤清器、机油滤清器座、转速传感器、爆震传感器、下冷却液金属水管、进水管接头、节温器、排气歧管以及密封垫的名称、结构和作用。

2. 能拆卸机油滤清器、机油滤清器座、转速传感器、爆震传感器、进水管接头、节温器、排气歧管以及密封垫。

四、实训器材

Φ13mm长套筒	中号长接杆	中号棘轮扳手
丁字套筒	抹布	机油滤清器扳手

五、教学组织

1. 教学组织形式

本课程为"工艺化"实训课,实训教师1名,学生32名,实训室共有8个实训工位,按照4人1个工位编组。

2. 学生的站位分工和要求

学生按规定的工位站立,根据教师的指令同时进行独立操作。

3. 实训教师职责

播放教学视频,并讲解实训项目的操作步骤和相关注意事项;下达"开始操作"口令;巡视、检查、指导和纠正学生操作中的错误;课堂总结;组织学生对实训室进行清洁整理。

4. 学生职责

认真观看教学视频;完成教师布置的任务;做好课后的清洁整理工作。

六、核心素养

1. 思考各附件拆卸顺序是否可以调换,培养学生勇于探究的能力。

2. 拆卸机油滤清器座时,保证拆卸效率的同时防止垫片掉落,在此基础上进行创新和改进。

3. 正常拆卸排气管,防止烫伤,培养学生操作时的安全意识和自我保护能力。

4. 合理摆放零件和工具,培养学生的职业素养和职业习惯。

七、操作步骤

第一步　拆卸机油滤清器	
1. 确认机油滤清器的位置。 提示： 机油滤清器是润滑系统的一部分，主要起到过滤润滑油的作用，防止油道堵塞。机油滤清器通过一个双头螺柱固定在机油滤清器座上。	
2. 选用机油滤清器扳手。 提示： 由于机油滤清器比较大，又是靠螺纹固定，所以要选择专用的扳手预松机油滤清器。机油滤清器扳手在使用过程中要注意方向。	
3. 预松机油滤清器。 提示： 机油滤清器一般为一次性零件，在保养过程中拆卸后马上更换新件或更换滤芯。在教学中则可重复使用，所以在拆卸过程中要求不能损伤机油滤清器外壳。	
4. 旋下机油滤清器。 提示： (1)一只手拿干净抹布，放于机油滤清器正下方，另一只手将机油滤清器轻轻旋下，注意避免机油滴落。 (2)旋下机油滤清器后，对机油滤清器座进行必要的清洁。	
5. 摆放机油滤清器。 提示： 机油滤清器内还残留较多的润滑油，在按规定位置摆放时，要求将其开口向上竖立摆放，防止润滑油滴落。	

第二步　拆卸机油滤清器座	
1. 确认机油滤清器座位置。 提示： （1）机油滤清器座由4个螺栓固定在气缸体上。 （2）拆卸时要选择正确规格的工具，注意逆时针旋松。	
2. 选用中号棘轮扳手、中号长接杆、Φ12mm套筒。 提示： （1）正确选择工具并组装，防止掉落。 （2）确认棘轮扳手方向。	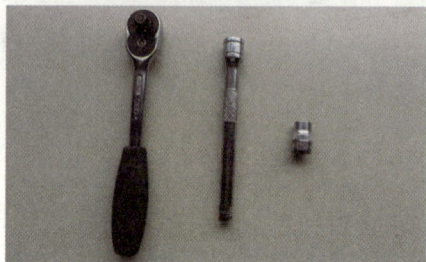
3. 预松机油滤清器座螺栓。 提示： 利用工具对机油滤清器座螺栓按对角线位置分两次预松，预松到3/4螺纹长度。	
4. 取下机油滤清器座螺栓、机油滤清器座以及金属密封垫。 提示： （1）用手取下机油滤清器座4个紧固螺栓和机油滤清器座以及金属密封垫，并将其按规定位置摆放。 （2）清洁机油滤清器座和气缸体。	
5. 摆放机油滤清器座螺栓、机油滤清器座以及金属密封垫。 提示： 将机油滤清器座螺栓、机油滤清器座以及金属密封垫安放到零件车上的合适位置。	
第三步　拆卸转速传感器	
1. 确认转速传感器的位置。 提示： （1）转速传感器安装在靠近飞轮的气缸体上，由1个螺栓固定。 （2）拆卸时要选择正确规格的工具，注意逆时针旋松。	

2. 选用Φ10mm丁字套筒。 提示： (1)正确选择工具。 (2)确认工具的规格。	
3. 预松转速传感器固定螺栓。 提示： 利用工具对转速传感器固定螺栓分两次预松,预松到3/4螺纹长度。	
4. 取下转速传感器固定螺栓、转速传感器。 提示： 用手取下转速传感器固定螺栓和转速传感器,将其摆放到规定位置。	
5. 摆放转速传感器固定螺栓、转速传感器。 提示： 将转速传感器固定螺栓、转速传感器安放到零件车上的合适位置。	

第四步　拆卸3,4缸爆震传感器

1. 确认3,4缸爆震传感器的位置。 提示： (1)3,4缸爆震传感器安装在靠近飞轮侧的气缸体上,由1个螺栓固定。 (2)拆卸时要选择正确规格的工具,注意逆时针旋松。 (3)为了防止混淆,要记住3,4缸爆震传感器线束插接头的颜色,而且3,4缸爆传感器线束相对1,2缸爆传感性线束要短一点。	
2. 选用Φ10mm丁字套筒。 提示： (1)正确选择工具。 (2)确认工具的规格。	

3. 预松3,4缸爆震传感器固定螺栓。 提示： （1）利用工具对3,4缸爆震传感器固定螺栓分两次预松,预松到3/4螺纹长度。 （2）不能撞击爆震传感器。	
4. 取下3,4缸爆震传感器固定螺栓和3,4缸爆震传感器。 提示： 用手取下3、4缸爆震传感器固定螺栓和3,4缸爆震传感器,将其按规定位置摆放。	
5. 摆放3,4缸爆震传感器固定螺栓和3,4缸爆震传感器。 提示： 将3,4缸爆震传感器固定螺栓和3,4缸爆震传感器安放到零件车上的合适位置。	

第五步　拆卸1,2缸爆震传感器

1. 确认1,2缸爆震传感器的位置。 提示： （1）1,2缸爆震传感器安装在靠近皮带轮侧的气缸体上,由1个螺栓固定。 （2）拆卸时要选择正确的工具,注意逆时针旋松。 （3）为了防止混淆,要记住1,2缸爆震传感器线束插接头的颜色,而且1,2缸爆震传感器线束相对3,4缸爆震传感器线束要长一点。	
2. 选用Φ10mm丁字套筒。 提示： （1）正确选择工具。 （2）确认工具的规格。	
3. 预松1,2缸爆震传感器固定螺栓。 提示： （1）利用工具对1,2缸爆震传感器固定螺栓分两次预松,预松到3/4螺纹长度。 （2）不能撞击爆震传感器。	

4. 取下1,2缸爆震传感器固定螺栓和1、2缸爆震传感器。 提示： 用手取下1,2缸爆震传感器固定螺栓和1,2缸爆震传感器，将其按规定位置摆放。	
5. 摆放1,2缸爆震传感器固定螺栓和1,2缸爆震传感器。 提示： 将1,2缸爆震传感器固定螺栓和1,2缸爆震传感器安放到零件车上的合适位置，可与3,4缸爆震传感器放在一起。	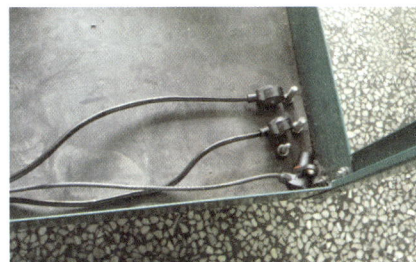

第六步　拆卸下冷却液金属水管（细）

1. 确认下冷却液金属水管（细）的位置。 提示： 下冷却液金属水管（细）位于上冷却液金属水管（粗）同侧的气缸体上，一段连接进水管接头。它跟上冷却液金属水管（粗）共用一个螺栓固定，由于粗冷却液金属水管已经拆除，所以只需拔下下冷却液金属水管（细）下即可。	
2. 拔下下冷却液金属水管（细）以及密封圈。 提示： (1)用右手握住下冷却液金属水管（细）中间位置，然后向右用力拉下冷却液也金属水管（细），则可拔下下冷却液金属水管（细）。在拆卸时注意用力要稳，以免受伤。 (2)从下冷却液金属水管（细）最左端拆下密封圈，将其按规定位置摆放。	
3. 安放下冷却液金属水管（细）以及密封圈。 提示： 将下冷却液金属水管（细）以及密封圈安放到零件车上的合适位置。	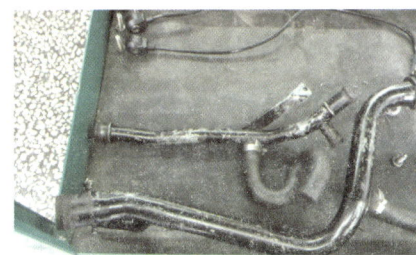

第七步　拆卸水泵进水管接头	
1. 确认水泵进水管接头位置。 提示： (1)水泵进水管接头由2个水泵进水管接头螺栓固定在机油滤清器同侧的气缸体上。 (2)拆卸时要选择正确的工具,注意逆时针旋松。	
2. 选用Φ13mm丁字套筒。 提示： (1)正确选择工具。 (2)确认工具的规格。	
3. 预松水泵进水管接头螺栓。 提示： 利用工具对水泵进水管接头螺栓分两次预松,预松到3/4螺纹长度。	
4. 取下水泵进水管接头螺栓及水泵进水管接头。 提示： 先用手取下水泵进水管接头上的2个紧固螺栓和水泵进水管接头,并将其按规定位置摆放。	
5. 安放水泵进水管接头螺栓及水泵进水管接头。 提示： 将水泵进水管接头螺栓及水泵进水管接头安放到零件车上的合适位置。	
6. 取下节温器"O"型密封圈。 提示： (1)"O"型密封圈主要起到密封作用,防止大、小循环互通。 (2)直接用手将节温器"O"型密封圈从气缸体上取下,并按规定位置摆放。	

7. 取下节温器。

提示：

(1)节温器是控制发动机冷却系统大、小循环的重要部件,安装时不能装反,所以在拆卸时要注意。

(2)直接用手将节温器从气缸体上取下,并按规定位置摆放。

8. 安放节温器及其"O"型密封圈。

提示：

将节温器及其"O"型密封圈安放到零件车上的合适位置,两零部件可放在一起,以便于安装和查找。

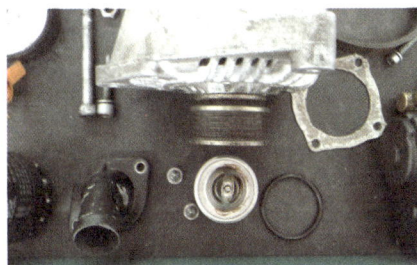

第八步 拆卸排气歧管

1. 确认排气歧管的位置。

提示：

(1)排气歧管由8个螺母固定在气缸盖上。

(2)拆卸时要选择正确的工具,注意逆时针旋松。

2. 选用Φ14mm丁字套筒。

提示：

(1)正确选择工具。

(2)确认工具的规格。

3. 预松排气歧管固定螺母。

提示：

利用工具对排气歧管固定螺母从两边到中间对角线方向分两次预松,预松到3/4螺纹长度。

4. 取下排气歧管固定螺母和排气歧管。

提示：

用手取下排气歧管的紧固螺母和排气歧管,并将其按规定位置摆放。

5. 安放排气歧管固定螺母和排气歧管。 提示： 将排气歧管固定螺母和排气歧管安放到零件车上的合适位置。	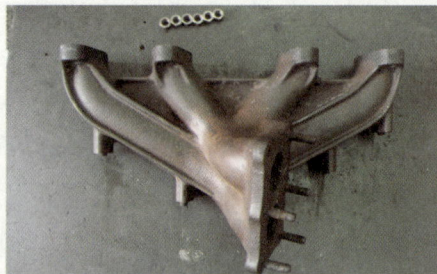
6. 取下排气管密封垫。 提示： 排气管密封垫的作用是防止排气漏气。其由金属制成，所以可以重复使用。为了防止变形或折弯，在拆卸排气管密封垫时必须用双手操作。	
7. 安放排气管密封垫。 提示： 将排气管密封垫安放到零件车上的合适位置，防止其变形损坏。	

第九步 清洁工作区域

1. 清洁发动机台架。 提示： 仔细清洁发动机台架上的油污，以免影响后续操作。	
2. 清洁整理拆卸零部件。 提示： 对所拆卸下来的零件进行清洁和整理。	

第十步 整理工具

整理工具。 提示： 对所使用过的工具进行必要的清洁和整理。	

八、评价标准

任务3　拆卸机油滤清器和座、转速传感器、爆震传感器、下冷却液金属水管、进水管接头、节温器、排气歧管

序号	拆装项目:项目一　任务3	实际用时:	评分标准			总分
	操作时间:15min		规范操作	工具使用	拆装要点	
	拆装步骤					得/扣分
1	用机油滤清器扳手预松机油滤清器。 要点:不损坏机油滤清器外壳。		1	1	2	
2	旋下机油滤清器。		1			
3	预松机油滤清器座紧固螺栓。 要点:应对角线预松。		1	1	2	
4	拆卸机油滤清器座紧固螺栓。		1	1		
5	取下机油滤清器座及金属密封垫。		2			
6	拆卸并取下转速传感器。		2	1		
7	拆卸3,4缸爆震传感器紧固螺栓,要点:不能撞击爆震传感器。		1	1	2	
8	拆卸1,2缸爆震传感器紧固螺栓,要点:不能撞击爆震传感器。		1	1	2	
9	取出下冷却液金属水管(细)。		2			
10	预松水泵进水管接头螺栓。		1	1		
11	拆卸水泵进水管接头螺栓。		1	1		
12	取下进水管接头。		1			
13	取下节温器。		1			
14	取下节温器密封圈。		1			
15	预松排气歧管紧固螺栓,要点:应由两边到中间对角线预松紧固螺栓。		2	2	2	
16	拆卸紧固螺栓。		2	2	2	
17	取下排气歧管。		1			
18	取下密封垫。		1			
19	清洁整理工具,操作不当扣2分。		2			
20	整理工作台,操作不当扣2分。		2			
21	操作过程中发生零件、工具落地,每发生一次扣0.5分,共10分,扣完为止。		10			
22	零部件摆放没有按照拆装次序,扣5分;零部件摆放凌乱,扣5分。		5			
23	每超时1min扣3分,允许延时5min。		3			
24	由于拆装引起的零件损坏、丢失等,一次扣10分。		10			
25	由于拆装引起的人身伤害,一次扣20分。		20			

拆卸正时皮带防护罩、曲轴皮带轮、正时皮带及张紧器、水泵、检查正时记号

一、项目说明

1. 正时皮带防护罩

正时皮带防护罩由1、3、4、10、15等几部分组成,结构如图所示。

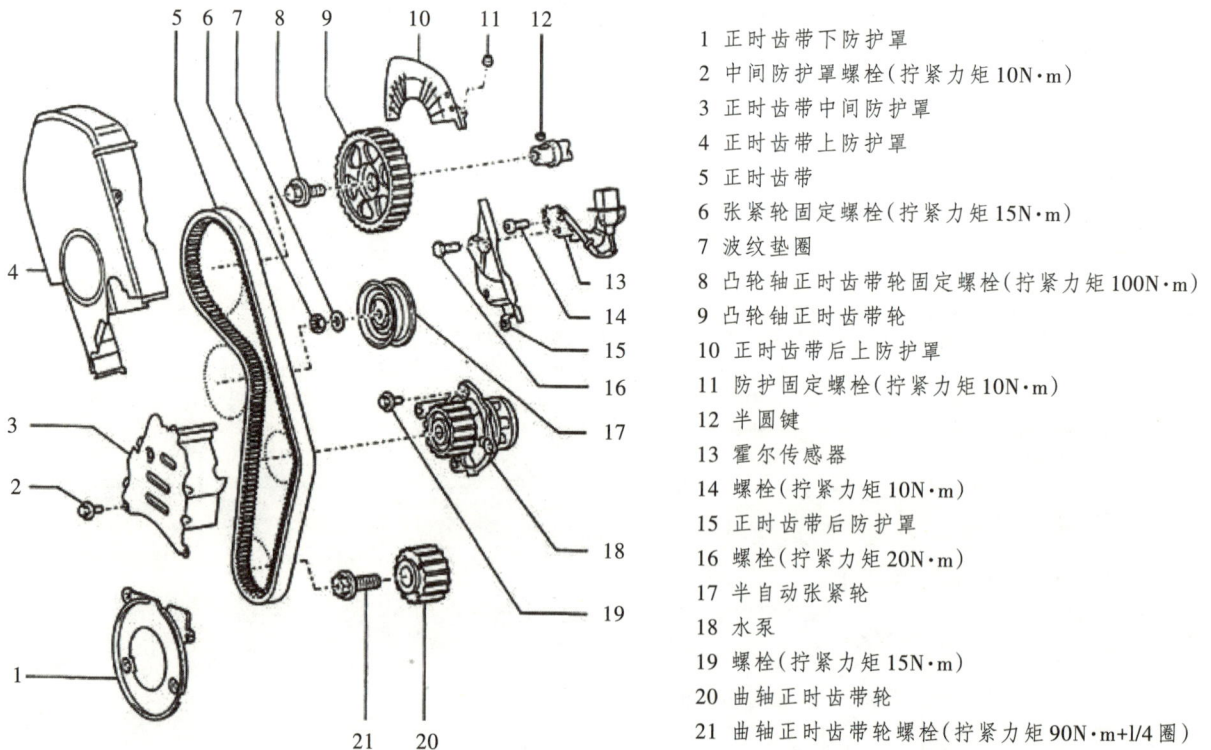

1 正时齿带下防护罩
2 中间防护罩螺栓(拧紧力矩10N·m)
3 正时齿带中间防护罩
4 正时齿带上防护罩
5 正时齿带
6 张紧轮固定螺栓(拧紧力矩15N·m)
7 波纹垫圈
8 凸轮轴正时齿带轮固定螺栓(拧紧力矩100N·m)
9 凸轮轴正时齿带轮
10 正时齿带后上防护罩
11 防护固定螺栓(拧紧力矩10N·m)
12 半圆键
13 霍尔传感器
14 螺栓(拧紧力矩10N·m)
15 正时齿带后防护罩
16 螺栓(拧紧力矩20N·m)
17 半自动张紧轮
18 水泵
19 螺栓(拧紧力矩15N·m)
20 曲轴正时齿带轮
21 曲轴正时齿带轮螺栓(拧紧力矩90N·m+l/4圈)

2. 正时标记

正时标记是为了保证发动机配气机构经过拆装后,仍然能有正确的配气正时而设置的标记,其中包括两部分,一个是在曲轴皮带轮上的正时标记,带轮凸缘上的凹槽与后正时罩上的记号对齐;另一个在凸轮轴

正时齿轮上,凸轮轴正时齿轮凸缘上的凹槽与半圆罩上的"OT"标记对齐。

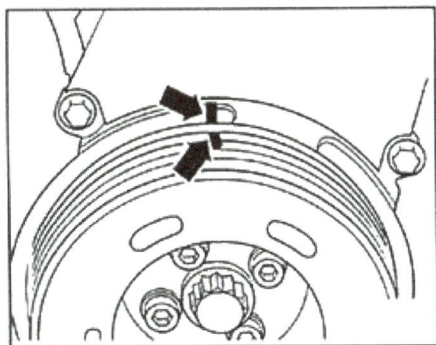

曲轴皮带轮正时标记　　　　　凸轮轴正时齿轮正时标记

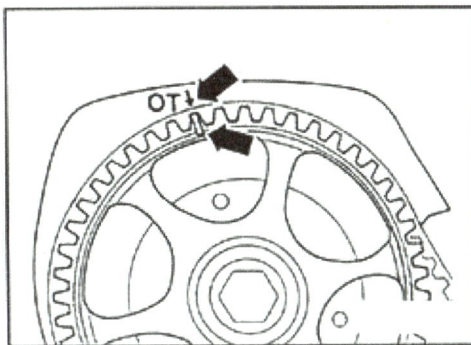

3. 曲轴皮带盘

曲轴皮带盘由4个螺栓固定在曲轴前端凸缘上。其主要作用是将曲轴的动力通过皮带盘和传动皮带传递给水泵、配气机构、转向助力泵、空调压缩机等。

4. 水泵

水泵结构如下图所示,安装在气缸体前侧,通过3个螺栓固定在气缸体上。

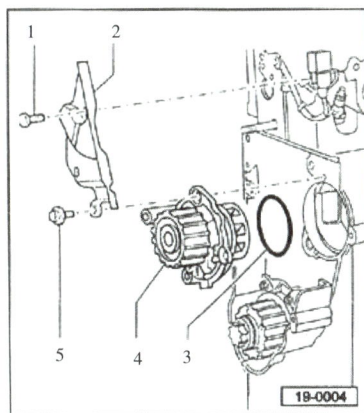

1 正时皮带后防护罩固定螺栓
2 正时皮带后防护罩
3 密封圈
4 水泵带轮
5 水泵固定螺栓

水泵结构图

5. 正时皮带张紧器及正时皮带

正时皮带张紧器的作用是保证发电机皮带有适宜的张紧度,防止打滑。其接头如图所示,安装在气缸体前侧。

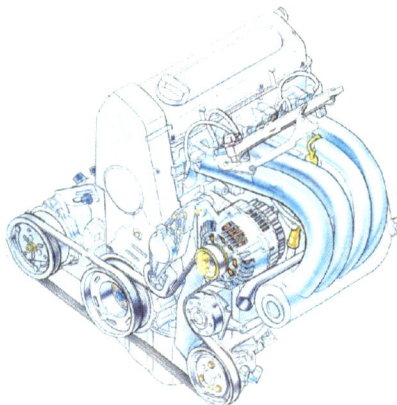

二、实训时间

15min。

三、实训教学目标

1. 掌握正时皮带防护罩、正时标记、曲轴皮带盘、正时皮带与正时皮带张紧器以及水泵的名称、结构和作用。

2. 会检查正时标记，会拆卸正时皮带防护罩、曲轴皮带盘、正时皮带与正时皮带张紧器以及水泵。

四、实训器材

 Φ12mm长套筒	 中号长接杆	 中号棘轮扳手
 记号笔	 丁字套筒	 开口扳手
 抹布		

五、教学组织

1. 教学组织形式

本课程为"工艺化"实训课，实训教师1名，学生32名，实训室共有8个实训工位，按照4人1个工位编组。

2. 学生的站位分工和要求

学生按规定的工位站立，根据教师的指令同时进行独立操作。

3. 实训教师职责

播放教学视频，并讲解实训项目的操作步骤和相关的注意事项；下达"开始操作"口令；巡视、检查、指导和纠正学生操作中的错误;课堂总结;组织学生对实训室进行清洁整理。

4. 学生职责

认真观看教学视频;完成教师布置的任务;做好课后的清洁整理工作。

六、核心素养

1. 思考配气机构的拆卸要从侧面拆起的原因,培养学生善于总结经验、勤于反思的学习习惯。

2. 合理分配和使用时间,根据自身工位特点合理摆放零件,培养学生自我管理能力。

3. 拆卸皮带时确认皮带方向,培养学生对特殊零部件做标记和按序摆放零件的意识。

4. 思考发动机配气正时的方法,理性思考其实质,并反思自身操作过程中的不足。

七、操作步骤

第一步 拆卸正时皮带上防护罩

1. 确认正时皮带上防护罩的位置。

提示:

正时皮带上防护罩位于发动机前方,曲轴皮带轮上方,它由两个金属卡扣固定在气缸盖上。

2. 松开金属卡扣,取下正时皮带上防护罩。

提示:

金属卡扣具有一定的弹性,拆卸时,只需用一只手拇指按住卡扣中间拱起位置并往下按,食指呈弯曲状钩住卡扣,与拇指相反方向用力,便可拆卸金属卡扣。防止卡扣掉落。两个卡扣均拆卸后,取下正时皮带上防护罩。

3. 安放正时皮带上防护罩。

提示:

将正时皮带上防护罩安放到工具车上的合适位置。正时皮带上防护罩为塑料制品,上面不可压重物,以免损坏。

第二步 检查配气机构正时标记

1. 确认曲轴皮带轮的位置。

提示:

曲轴正时标记位于曲轴皮带轮上,在曲轴皮带轮外缘有一个缺口,它应该与正时皮带下防护罩上的缺口对齐。

2. 确认正时皮带下防护罩的位置。 提示： 曲轴正时标记位于正时皮带下防护罩上,在正时皮带下防护罩中间位置有一个缺口,它应该与曲轴皮带轮上的缺口对齐。	
3. 检查曲轴正时标记。 提示： 正视位置检查时,曲轴皮带轮上的缺口应该与正时皮带下防护罩上的缺口处在对齐位置。如果没有对齐,可通过转动曲轴来调整。	
4. 确认凸轮轴正时齿轮的位置。 提示： 凸轮轴的正时标记一个在凸轮轴正时齿轮外缘,有一个缺口,它应该与半圆罩上的箭头对齐。	
5. 确认半圆罩的位置。 提示： 凸轮轴的正时标记另一个在半圆罩上,在半圆正中间有一个向下的箭头,它应该与凸轮轴正时齿轮的缺口对齐。	
6. 检查凸轮轴的正时标记。 提示： 正视位置检查时,凸轮轴正时齿轮的缺口应该与半圆罩上的箭头对齐。如果不对齐,说明该发动机的配气正时不正确。	

第三步 拆卸曲轴皮带盘

1. 确认曲轴皮带轮位置。 提示： (1)曲轴皮带轮位于发动机正前方,由4个内六角螺栓固定在曲轴前端凸缘上。 (2)拆卸时要选择正确规格的工具,注意逆时针旋松。	

2. 选用HW6,中号长接杆,中号棘轮扳手。 提示: (1)选择正确规格的工具。 (2)防止掉落。 (3)正确组装工具,确认棘轮扳手为拧松方向。	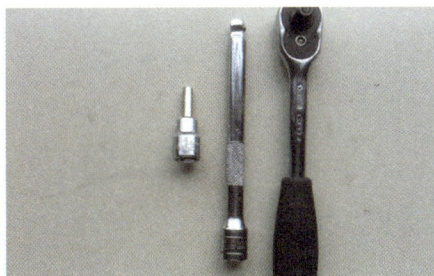
3. 预松曲轴皮带盘固定螺栓。 提示: 按对角线的方式,利用工具对曲轴皮带盘架螺母分两次预松,预松到3/4螺纹长度。	
4. 取下曲轴皮带盘架螺栓及曲轴皮带盘。 提示: 用手取下曲轴皮带盘的44紧固螺栓和曲轴皮带盘,并将其按规定位置摆放。	
5. 安放曲轴皮带盘架螺栓及曲轴皮带盘。 提示: 将曲轴皮带盘架螺栓及曲轴皮带盘安放到零件车上的合适位置,防止零件掉落。	
第四步　拆卸正时皮带中间防护罩	
1. 确认正时皮带中间防护罩的位置。 提示: (1)正时皮带中间防护罩位于发动机正前方,曲轴皮带盘内侧由2个螺栓固定。 (2)拆卸时要选择正确的工具,注意逆时针旋松。	
2. 选用Φ10mm丁字套筒。 提示: (1)选择正确规格的工具。 (2)防止掉落。	

3. 预松正时皮带中间防护罩螺栓。 提示： 利用工具对正时皮带中间防护罩螺栓分两次预松,预松到3/4螺纹长度。	
4. 用手取下正时皮带中间防护罩螺栓及正时皮带中间防护罩。 提示： 用手取下正时皮带中间防护罩上的2个紧固螺栓和正时皮带中间防护罩,并将其按规定位置摆放。	
5. 安放正时皮带中间防护罩螺栓及正时皮带中间防护罩。 提示： 将正时皮带中间防护罩螺栓及正时皮带中间防护罩安放到零件车上的合适位置,防止零件掉落。	
第五步　拆卸正时皮带下防护罩	
1. 确认正时皮带下防护罩的位置。 提示： (1)正时皮带下防护罩位于发动机正前方,曲轴皮带盘内侧由2个螺栓固定。 (2)拆卸时要选择正确的工具,注意逆时针旋松。	
2. 选用Φ10mm丁字套筒。 提示： (1)选择正确规格的工具。 (2)防止掉落。	
3. 预松正时皮带下防护罩螺栓。 提示： 利用工具对正时皮带下防护罩螺栓分两次预松,预松到3/4螺纹长度。	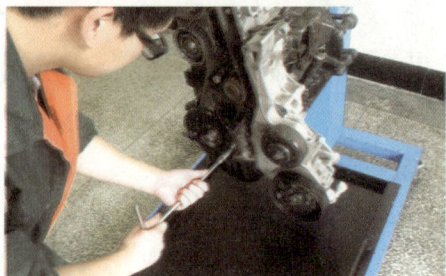

4. 取下正时皮带下防护罩螺栓及正时皮带下防护罩。

提示：

用手取下正时皮带下防护罩上的2个紧固螺栓和正时皮带下防护罩。

5. 安放正时皮带下防护罩螺栓及正时皮带下防护罩。

提示：

将正时皮带下防护罩螺栓及正时皮带下防护罩安放到零件车上的合适位置，防止零件掉落。

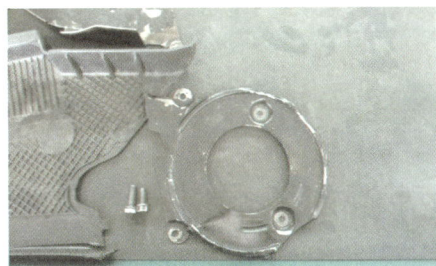

第六步　拆卸正时皮带

1. 确认正时皮带的位置。

提示：

正时皮带位于正时皮带罩内部，是一根齿形带，连接曲轴正时齿轮和凸轮轴正时齿轮，由一个半自动张紧轮将其张紧。发动机工作时，它按顺势针方向转动。

2. 检查正时皮带记号。

提示：

正时皮带连接曲轴正时齿轮和凸轮轴正时齿轮。发动机工作时，它按顺势针方向转动，检查正时皮带上有无按旋转方向而标记的"→"，如没有需做上记号。

3. 确认张紧器的位置。

提示：

张紧器位于发动机正前方，起到给正时皮带张紧的作用，通过一个螺母固定在发动机气缸体的一个螺栓上。只需将该螺母松开，便可拆卸正时皮带。

4. 选用Φ14mm梅花扳手。

提示：

若要松开张紧轮，只需用该工具，将固定张紧器的螺母逆时针旋转2—3圈便可。

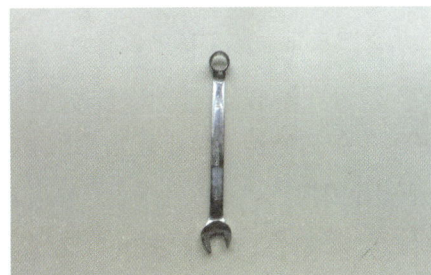

5. 松开张紧器螺母。 提示: 右手拿梅花扳手,逆时针旋松张紧器螺母。	
6. 取下正时皮带。 提示: 由于此时已经将张紧器松开,所以正时皮带便松开。先将正时皮带从水泵带轮上取下,再从曲轴正时齿轮和凸轮轴正时齿轮上取下。	
7. 安放正时皮带。 提示: 将正时皮带安放到零件车上的合适位置,可用其他零件将正时皮带压紧,以免占用零件车上的过多空间。	
8. 取下张紧器及紧固螺母。 提示: 用手取下张紧器及紧固螺母。	
9. 安放张紧器及紧固螺母。 提示: 将取下的张紧器及紧固螺母按规定的位置摆放,防止零件掉落。	

第七步　拆卸正时皮带后防护罩

1. 确认正时皮带后防护罩的位置。 提示: (1)正时皮带后防护罩位于发动机正前方,曲轴皮带盘内侧由2个螺栓固定。 (2)拆卸时要选择正确规格的工具,注意逆时针旋松。	

2. 选用Φ12mm和Φ10mm丁字套筒。 提示： (1)选择正确规格的工具。 (2)防止掉落。	
3. 预松正时皮带后防护罩螺栓。 提示： 利用工具对正时皮带后防护罩螺栓分两次预松,预松到3/4螺纹长度。	
4. 取下正时皮带后防护罩螺栓及正时皮带后防护罩。 提示： 用手取下正时皮带后防护罩上的2个紧固螺栓和正时皮带后防护罩。	
5. 安放正时皮带后防护罩螺栓及正时皮带后防护罩。 提示： 将取下的正时皮带后防护罩螺栓及正时皮带后防护罩摆放到规定的位置,防止零件掉落。	

第八步　拆卸水泵

1. 确认水泵的位置。 提示： (1)水泵位于发动机正前方,由3个内六角螺栓固定在气缸体上,由正时皮带驱动。 (2)拆卸时要选择正确规格的工具,注意逆时针旋松。	
2. 选用Φ10mm丁字套筒。 提示： (1)选择正确规格的工具。 (2)防止掉落。	

3. 预松水泵固定螺栓。 提示： 利用工具对水泵固定螺栓是分两次预松，预松到3/4螺纹长度。	
4. 取下水泵架螺栓及水泵。 提示： 用手取下水泵的3个紧固螺栓和水泵，并将其摆放到规定位置。	
5. 安放水泵架螺栓及水泵。 提示： 将取下的水泵架螺栓及水泵摆放到规定位置，防止零件掉落。	

八、评价标准

任务1 拆卸正时皮带防护罩、曲轴皮带轮、正时皮带及张紧器、水泵、检查正时记号

序号	拆装项目：项目二 任务1 操作时间：15min	实际用时：	评分标准			总分
			规范 操作	工具 使用	拆装 要点	
	拆装步骤					得/扣分
1	松开卡扣，取下正时皮带上防护罩。		2			
2	检查曲轴皮带盘上缺口记号与下防护罩上缺口记号是否对正。		1			
3	检查凸轮轴正时齿轮缺口记号与半圆罩上箭头记号是否分别对准。要点：如跳齿，应说明。		1		1	
4	预松曲轴皮带盘紧固螺栓。要点：应对角线预松。		2	1	2	
5	拆卸曲轴皮带盘紧固螺栓。		2	1		
6	取下曲轴皮带盘。		1			
7	预松正时皮带中间防护罩螺栓。		2	1		
8	拆卸正时皮带中间防护罩螺栓。		2	1		
9	取下正时皮带中间防护罩。		1			
10	预松正时皮带下防护罩螺栓。		2	1		
11	拆卸正时皮带下防护罩螺栓。		2	1		

序号	拆装项目:项目二 任务1	实际用时:	评分标准			总分
	操作时间:15min		规范操作	工具使用	拆装要点	
	拆装步骤					得/扣分
12	取下正时皮带下防护罩。		1			
13	检查皮带旋转记号。要点:如无做上记号。		1		1	
14	松开张紧器螺母。		2	1		
15	取下正时皮带。要点:从水泵处。		2		1	
16	取下张紧器。		1			
17	预松正时皮带后防护罩螺栓。		2	1		
18	拆卸正时皮带后防护罩螺栓。		2	1		
19	取下正时皮带后防护罩。		1			
20	预松水泵紧固螺栓。		2	1		
21	拆卸水泵紧固螺栓。		2	1		
22	取下水泵。		1			
23	清洁整理工具,操作不当扣2分。		2			
24	整理工作台,操作不当扣2分。		2			
25	操作过程中发生零件、工具落地,每发生一次扣0.5分,共10分,扣完为止。		10			
26	零部件摆放没有按照拆装次序,扣5分;零部件摆放凌乱,扣5分。		5			
27	每超时1min扣3分,允许延时5min。		3			
28	由于拆装引起的零件损坏、丢失等,一次扣10分。		10			
29	由于拆装引起的人身伤害,一次扣20分。		20			

一、项目说明

1. 气门室罩盖、压条、机油反射罩、密封衬垫

气门室罩盖的接头如图所示,有半圆罩、发动机盖板支架、压条、气门室罩盖、机油反射罩、密封垫。

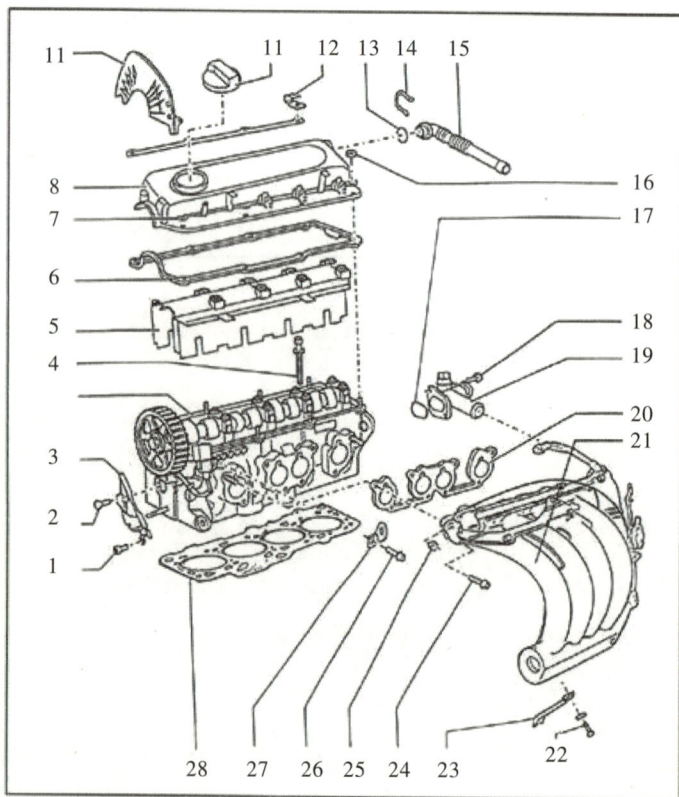

1 螺栓
2 螺栓
3 齿形带后防护罩
4 气缸盖
5 气缸盖螺栓
6 机油反射罩
7 密封垫
8 紧固压条
9 气门室罩盖
10 齿形半圆罩
11 罩盖
12 支架
13 密封圈
14 夹箍
15 软管
17 衬床
19 法兰
20 进气歧管密封垫
21 进气歧管
22 进气歧管支架紧固螺栓
23 进气歧管支架
27 吊耳
28 气缸垫

2. 凸轮轴轴承盖、凸轮轴

凸轮轴轴承盖一共有5个,从前往后排列为1号、2号、3号、4号、5号,在拆卸前检查有否做记号,如没有必须做好记号。为了保证拆卸时不损坏凸轮轴、轴承盖和轴承盖固定螺栓,应按规定的顺序进行,先拆1,3,

5号,再拆2,4号轴承盖。

凸轮轴是发动机配气机构的一个部件。它的作用是控制气门的开启和闭合动作。虽然在四冲程发动机里,凸轮轴的转速是曲轴的一半(在二冲程发动机中,凸轮轴的转速与曲轴相同),不过通常它的转速依然很高,而且需要承受很大的扭矩,因此设计中对凸轮轴在强度和支撑方面的要求很高,其材质一般是特种铸铁,偶尔也有采用锻件的。由于气门运动规律关系到一台发动机的动力和运转特性,因此凸轮轴设计在发动机的设计过程中占据着十分重要的地位。凸轮轴的主体是一根与气缸组长度相同的圆柱形棒体。上面套有若干个凸轮,用于驱动气门。凸轮轴的一端是轴承支撑点,另一端与驱动轮相连接。凸轮的侧面呈鸡蛋形。其设计的目的在于保证气缸充分进气和排气;具体来说,就是在尽可能短的时间内完成气门的开、闭动作。

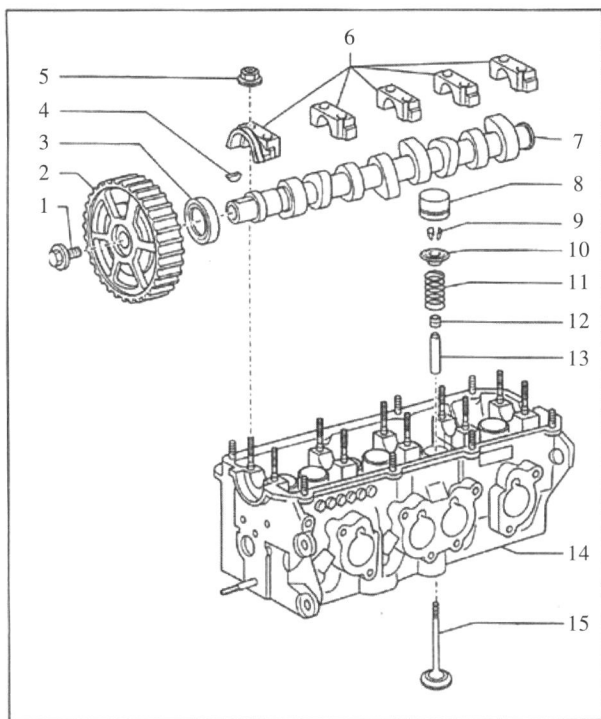

1 正时齿带轮螺栓(拧紧力矩100N·m)
2 凸轮轴正时齿带轮(带霍尔传感器的脉冲轮)
3 密封圈
4 半圆键
5 螺母(拧紧力矩20N·m)
6 轴承盖
7 凸轮轴
8 液压挺杆
9 气门锁夹
10 气门弹簧座
11 气门弹簧
12 气门杆密封圈
13 气门导管
14 气缸盖
15 气门

3. 液压挺杆

液压挺杆是发动机配气机构气门传动组的一部分,安装在气缸盖液压挺杆导管内,一共有8个,属于精密的配件,起到自动调整气门间隙的作用。其将凸轮传递过来的动力传递给气门杆头部。拆装前,为了保证安装后位置正确,必须从前往后编好序号。

二、实训时间

15min。

三、实训教学目标

1. 掌握气门室罩盖、压条、机油反射罩、密封衬垫、凸轮轴轴承盖、凸轮轴、液压挺杆的名称、结构和作用。

2. 会拆卸气门室罩盖、压条、机油反射罩、密封衬垫、凸轮轴轴承盖、凸轮轴、液压挺杆。

四、实训器材

Φ13mm长套筒	中号长接杆	中号棘轮扳手
记号笔	Φ10mm丁字套筒	开口扳手
抹布		

五、教学组织

1. 教学组织形式

本课程为"工艺化"实训课,实训教师1名,学生32名,实训室共有8个实训工位,按照4人1个工位编组。

2. 学生的站位分工和要求

学生按规定的工位站立,根据教师的指令同时进行独立操作。

3. 实训教师职责

播放教学视频,并讲解实训项目的操作步骤和相关的注意事项;下达"开始操作"口令;巡视、检查、指导和纠正学生操作中的错误;课堂总结;组织学生对实训室进行清洁整理。

4. 学生职责

认真观看教学视频;完成教师布置的任务;做好课后的清洁整理工作。

六、核心素养

1. 挺柱拆卸时要做好标记,并按序排列,便于下次安装,思考类似标记排列要点,培养学生勤于学习的能力。

2. 凸轮轴轴承盖拆卸时很容易损坏,思考其技术要点的合理性,通过观察轴承盖受力情况培养学生的观察能力。

3. 小零部件的安装都有方向性，培养学生仔细辨别、认真思考的能力。

4. 合理摆放零件和工具，培养学生的职业素养和职业习惯。

七、操作步骤

第一步　拆卸气门室罩盖	
1. 确认气门室罩盖的位置。 提示： 气门室罩盖位于气缸盖上部，用来密封气缸盖，用8个螺母固定在气缸盖上。	
2. 选用Φ10mm丁字套筒。 提示： (1)选择正确规格的工具。 (2)防止掉落。	
3. 查阅维修手册，气门室罩盖螺母预松顺序。 提示： (1)查阅手册是为了保证气门室罩盖螺母的正确拆卸。 (2)拆卸气门室罩盖螺母时，必须从两边往中间对称对角松动，否则会因为操作不当造成气门室罩盖变形。	
4. 拆卸气门室罩盖紧固螺母。 提示： 利用工具，按维修手册提供的顺序要求分两次从两边到中间对称对角8个气门室罩盖螺母进行松动。并用手取下，防止掉落，按规定位置摆放。	
5. 取下发动机盖板支架。 提示： 发动机盖板支架通过气门室罩盖螺母固定在气门室罩上面，此时可用手将发动机盖板支架取下。注意发动机盖板支架有2个，取下时要根据方向和位置做好标记，以免混淆。	

6. 安放发动机盖板支架。 提示： 将发动机盖板支架安放到工具车上的合适位置，防止零件掉落。	
7. 取下半圆罩。 提示： 半圆罩通过气门室罩盖螺母固定在气缸盖前端，此时可用手将半圆罩拆卸。	
8. 安放半圆罩。 提示： 将半圆罩安放到工具车上的合适位置。半圆罩为塑料制品，其上不可压重物，以免变形损坏。	
9. 取下压条。 提示： 发动机压条位于气门室罩盖两侧，通过8个螺母安装在气门室罩盖上，起到压实气门室罩盖两侧，保证气门室罩盖有效密封的作用。此时可以用双手将压条取下，注意做好记号和防止变形。	
10. 安放压条。 提示： 将压条安放到工具车上的合适位置，防止零件掉落。	
11. 松动气门室罩盖。 提示： 安装在气门室罩盖上的辅助零件已经拆除，此时用起子撬动气门室罩盖四周，使其松动，方便接下来的拆卸。	

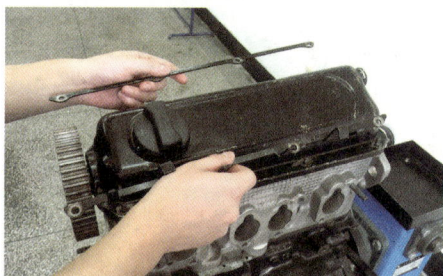

| 12. 取下气门室罩。 |  |
| 提示：
用双手将气门室罩盖向上取下。一定要水平往上取出，防止倾斜卡着或变形。 | |

| 13. 安放气门室罩。
提示：
将气门室罩安放到工具车上的合适位置，防止零件掉落，安装平面向上。 |  |

| 14. 取下机油反射罩。
提示：
将气门室罩盖拆卸后，便可看到位于气门室罩盖内部的结构，其中最上面的是机油反射罩，用双手将机油反射罩取下，防止滑落和机油滴落。 |  |

| 15. 安放机油反射罩。
提示：
将机油反射罩安放到工具车上的合适位置，防止零件掉落。 |  |

| 16. 取下密封衬垫。
提示：
密封衬垫起到密封气缸盖上部的作用，它是一根橡胶件，在使用过程中有可能会与气缸盖发生黏滞，在取下密封衬垫时，要注意防止扯断。 |  |

| 17. 安放密封衬垫。
提示：
将密封衬垫安放到工具车上的合适位置，防止零件掉落。 |  |

第二步　拆卸凸轮轴	
1. 确认凸轮轴的位置。 提示： (1)凸轮轴安装在发动机气缸盖上,由5个凸轮轴轴承盖固定,每个凸轮轴轴承盖都有2个螺母固定。 (2)拆卸轴承盖时要注意顺序,查阅维修手册,避免造成零件损坏。 (3)拆卸时要选择正确规格的工具,注意逆时针旋松。	
2. 确认凸轮轴轴承盖的位置。 提示： (1)凸轮轴轴承盖位于发动机气缸盖上,从前往后一共有5个。每个轴承盖有2个螺母固定在气缸盖上。 (2)靠近凸轮轴正时齿轮方向的为第1道轴承盖,以此类推,靠近飞轮方向的是第5道。 (3)拆卸时要注意选择正确规格的工具,注意逆时针旋松。	
3. 检查凸轮轴轴承盖道数标记。 提示： 凸轮轴轴承盖一共有5道,靠近凸轮轴正时齿轮的为第1道,往后为第2道,以此类推。在检查时要观察是否做好标记,如没有需要补上。	
4. 查阅AJR发动机维修手册——凸轮轴拆卸顺序。 提示： (1)查阅手册是为了保证凸轮轴的正确拆卸。 (2)拆卸凸轮轴时必须按1—5—3—2—4的顺序逐道预松,否则会因为操作不当造成凸轮轴断裂或轴承盖断裂。	
5. 选用转换接头、Φ13mm套筒、大号短接杆、扭力扳手。 提示： (1)正确选择工具并组装,防止掉落。 (2)左手拿扭力扳手手柄,右手扶住接杆和套筒,采用左手拉的方式预松。	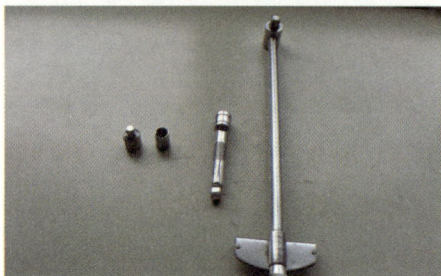

6. 预松第1,5,3道轴承盖紧固螺母。 提示： 利用工具按1,5,3顺序逐道预松对其轴承盖紧固螺母预松。	
7. 选用Φ13mm套筒、转换接头、快速摇把。 提示： (1)正确选择工具并组装,防止掉落。 (2)左手拿摇把手柄,右手拿摇把中间。	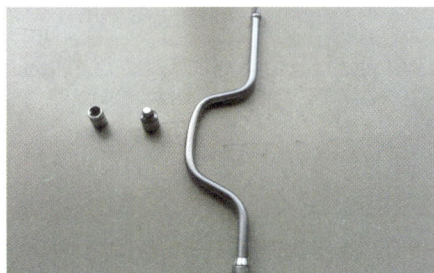
8. 拆卸第1,5,3道轴承盖紧固螺母。 提示： 利用工具按1,5,3顺序逐道预松,对第1,5,3道轴承盖紧固螺母分两次预松,预松到3/4螺纹长度。	
9. 取下第1,5,3道轴承盖紧固螺母和轴承盖。 提示： 先用双手取下第1道轴承盖紧固螺母,然后取下第1道轴承盖。接下来,取第5道、第3道轴承盖紧固螺母和轴承盖。	
10. 安放第1,5,3道轴承盖紧固螺母和轴承盖。 提示： 将第1,5,3道轴承盖紧固螺母和轴承盖安放到工作台橡胶垫上,每道轴承盖中间留出空间,等下次安放第2,4道轴承盖。	
11. 选用转换接头、Φ13mm套筒、大号短接杆、扭力扳手。 提示： (2)正确选择工具并组装,防止掉落。 (2)左手拿扭力扳手手柄,右手扶住接杆和套筒,采用左手拉的方式预松。	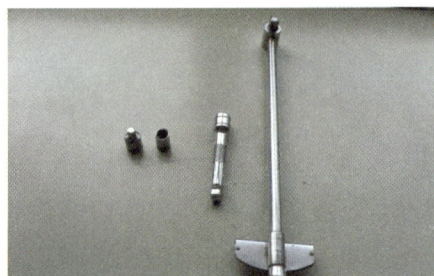

12. 预松第2,4道轴承盖紧固螺母。 提示： 利用工具按2,4顺序逐道对轴承盖紧固螺母预松。	
13. 选用Φ13mm套筒、转换接头、快速摇把。 提示： (1)正确选择工具并组装,防止掉落。 (2)左手拿摇把手柄,右手拿摇把中间。	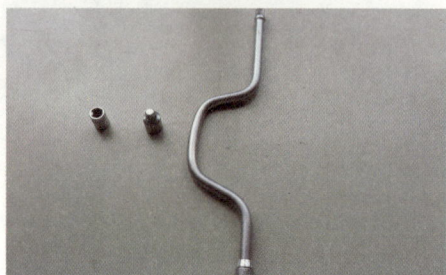
14. 拆卸第2,4道轴承盖紧固螺母。 提示： 利用工具按2,4顺序逐道预松,对第2,4道轴承盖紧固螺母分两次预松,预松到3/4螺纹长度。	
15. 取下第2,4道轴承盖紧固螺母和轴承盖。 提示： 先用双手取下第2道轴承盖紧固螺母,然后取下第2道轴承盖,按规定位置摆放。接下来,取第4道轴承盖紧固螺母和轴承盖。	
16. 安放第2,4道轴承盖紧固螺母和轴承盖。 提示： 将2,4道轴承盖紧固螺母和轴承盖安放到工作台橡胶垫上,再按1,2,3,4,5的顺序摆放5个轴承盖紧固螺母和5个轴承盖,安装平面应向侧面摆放。	
17. 取下凸轮轴。 提示： 用双手一前一后拿住凸轮轴两端,水平位置向上取出凸轮轴,并按规定位置摆放。	

18. 安放凸轮轴。 提示： 将凸轮轴安放到工作台橡胶垫上，应采用双手去摆放，绝不允许凸轮轴掉落。	

第三步　拆卸液压挺杆	

1. 确认液压挺杆的位置。 提示： 液压挺杆位于气缸盖上，一共有8个，其下面是气门组。	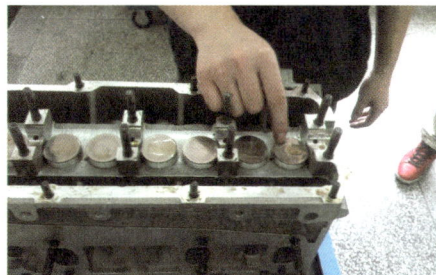
2. 用干净的抹布清洁液压挺杆表面。 提示： 将液压挺杆表面的油渍清洁干净。	
3. 选用黑色的油性记号笔在液压挺杆上做记号。 提示： 检查记号是否明显。	
4. 选用带有磁性的专用吸铁棒去吸出液压挺杆。 提示： 检查磁性吸棒有无吸引力。	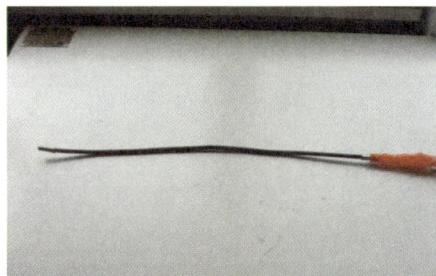
5. 按照顺序吸出液压挺杆。 提示： (1)如果发现吸引不出，说明液压挺杆有可能被卡住，不能强制取出。 (2)吸出时注意不要使液压挺杆掉落，以免损坏。 (3)吸出后将液压挺杆根据顺序放置到干净的木板上。	

6. 将拆卸下来的液压挺杆按照次序放置到工作台规定的位置。

提示：

(1)在液压挺杆上涂上一层机油,以免生锈。

(2)按照顺序零件正确摆放;否则错乱摆放,安装时影响配气机构的性能。

八、评价标准

任务2　拆卸气门室罩、凸轮轴、液压挺杆

序号	拆装项目:项目二 任务2 操作时间:15min 拆装步骤	实际用时:	评分标准			总分
			规范操作	工具使用	拆装要点	得/扣分
1	预松气门室罩盖紧固螺母。要点:应按由两边到中间。		2	1	2	
2	拆卸气门室罩盖紧固螺母。		2	1		
3	取下半圆罩。		1			
4	取下发动机盖板支架。		1			
5	取下压条。		1			
6	取下气门室罩盖。		1			
7	取下机油反射罩。		1			
8	取下密封衬垫。		1			
9	检查凸轮轴轴承盖道数标记,要点:如无,应做上标记。		2		1	
10	预松第1,5,3道轴承盖紧固螺母。要点:按顺序逐道预松。		3	1	2	
11	拆下第1,5,3道轴承盖紧固螺母。		3	1		
12	取下第1,5,3道轴承盖,按要求摆放。		2			
13	预松第2,4道轴承盖紧固螺母。要点:应对角多次预松。		3	1	2	
14	拆卸第2,4道轴承盖紧固螺母。		3	1		
15	取下第2,4道轴承盖,按要求摆放。		2	1	2	
16	取下凸轮轴,按要求摆放。		2			
17	用手取出液压挺杆。注:必要时可借助吸磁棒。 要点:液压挺杆应按顺序摆放,不得混淆。		2		2	
18	清洁整理工具,操作不当扣2分。		2			
19	整理工作台,操作不当扣2分。		2			
20	操作过程中发生零件、工具落地,每发生一次扣0.5分,共10分,扣完为止。		10			
21	零部件摆放没有按照拆装次序,扣5分;零部件摆放凌乱,扣5分。		5			
22	每超时1min扣3分,允许延时5min。		3			
23	由于拆装引起的零件损坏、丢失等,一次扣10分。		10			
24	由于拆装引起的人身伤害,一次扣20分。		20			

项目二　拆卸配气机构及气缸盖

任务3
拆卸气缸盖、气缸垫、气门组

一、项目说明

1. 气缸盖和气缸垫

气缸盖是由铝合金制成,通过10个气缸盖螺栓固定在气缸体上,在拆装过程中为了防止变形影响密封性,必须按规定的顺序拆卸和安装。拆卸时,必须按图1所示的顺序拆卸,由外到内对角线方向预松,先用扭力扳手按1到10的顺序分两次预松。安装时,按图2所示的顺序预紧,然后以40N·m的力矩拧紧,最后一步再以180°拧紧。

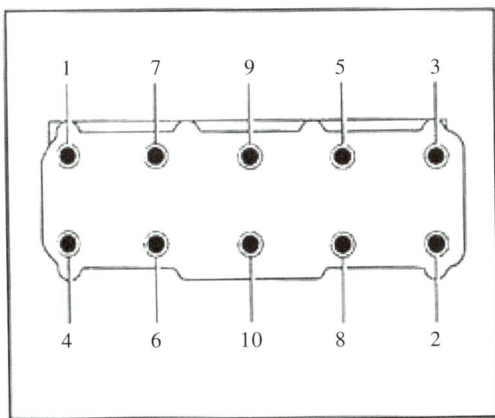

拆卸气缸盖顺序图　　　　　　　　安装气缸盖顺序图

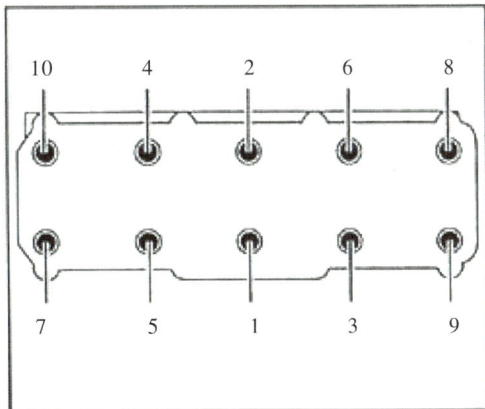

2. 气门组

气门组是配气机构的一部分,主要由气门、气门弹簧、气门锁片、气门导管、气门油封、气门弹簧座、气门座圈等7部分组成。

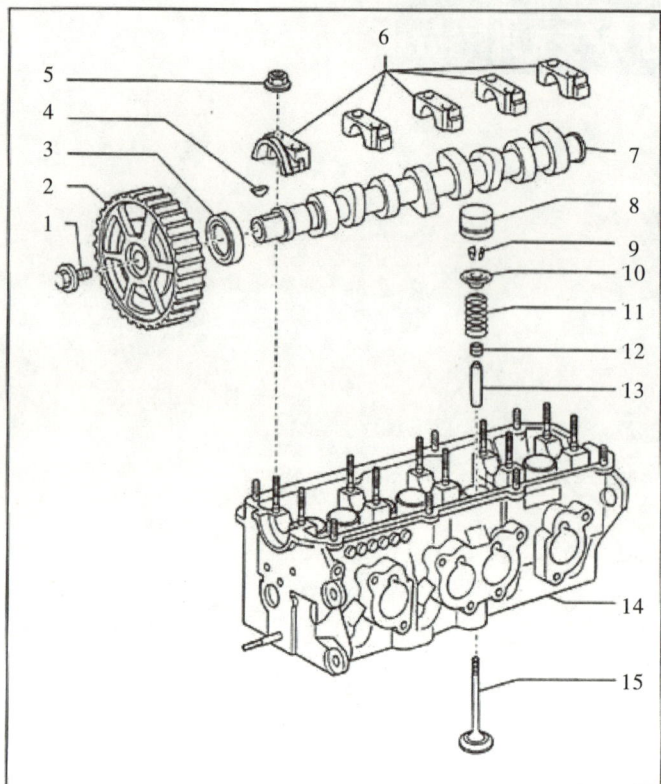

1 正时齿带轮螺栓(拧紧力矩100N·m)
2 凸轮轴正时齿带轮(带霍尔传感器的脉冲轮)
3 密封圈
4 半圆键
5 螺母(拧紧力矩 20N·m)
6 轴承盖
7 凸轮轴
8 液压挺杆
9 气门锁夹
10 气门弹簧座
11 气门弹簧
12 气门杆密封圈
13 气门导管
14 气缸盖

二、实训时间

15min。

三、实训教学目标

1. 掌握气缸盖、气缸垫、气门组的名称、结构和作用。
2. 会拆卸气缸盖、气缸垫、气门组。

四、实训器材

可调扭力扳手	大号短接杆	气缸盖螺栓套筒
记号笔	橡胶锤	一字螺丝刀

抹布	气门拆装专用工具	

五、教学组织

1. 教学组织形式

本课程为"工艺化"实训课,实训教师1名,学生32名,实训室共有8个实训工位,按照4人1个工位编组。

2. 学生的站位分工和要求

学生按规定的工位站立,根据教师的指令同时进行独立操作。

3. 实训教师职责

播放教学视频,并讲解实训项目的操作步骤和相关的注意事项;下达"开始操作"口令;巡视、检查、指导和纠正学生操作中的错误;课堂总结;组织学生对实训室进行清洁整理。

4. 学生职责

认真观看教学视频;完成教师布置的任务;做好课后的清洁整理工作。

六、核心素养

1. 气缸盖螺栓具有一定的拆卸顺序,在操作中思考其用意,培养学生理性思维的能力。

2. 气门组拆卸较为费时,思考是否有更合理高效的方法,培养学生的实践能力和创新精神。

3. 在气门组拆卸过程中通过采用"小组合作"的模式开展协同学习,培养学生的合作精神和沟通能力。

4. 合理摆放零件和工具,培养学生的职业素养和职业习惯。

七、操作步骤

第一步　拆卸气缸盖与气缸盖	
1. 确认气缸盖的位置。 提示: 气缸盖位于发动机气缸体上,通过10个连杆螺栓固定。	

2. 查阅《大众AJR发动机维修手册》确定气缸盖螺栓正确的预松顺序。 提示： (1)查阅手册是为了保证气缸盖螺栓的正确拆卸。 (2)拆卸气缸盖螺栓时必须从两边往中间对称对角预松，否则会因为操作不当造成气缸盖变形。	
3. 选用Φ10mm套筒、短接杆、指针式扭力扳手,利用工具松动气缸盖紧固螺栓。 提示： 按维修手册提供的顺序分两次从两边到中间对称对角将10个气缸盖螺栓进行预松。	
4. 选用Φ10mm套筒、转换接头、快速摇把等工具松动气缸盖紧固螺栓。 提示： 按标出的顺序分两次从两边到中间均匀旋松10个气缸盖螺栓,直到螺栓完全拧松。	
5. 选用带有磁性的吸棒吸出气缸盖螺栓及垫片。 提示： (1)取出螺栓时要慢一些,以免掉落。 (2)取出螺栓后应按顺序放置,不要随便乱放。	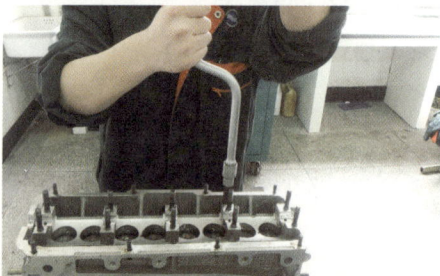
6. 取出气缸盖螺栓以及垫片按照顺序放置到零件车上的规定位置。 提示： 错误的摆放位置会影响安装配合,进而影响气缸盖的密封性能,影响发动机的工作性能。	
7. 用起子撬动气缸盖四周。 提示： (1)用起子撬动前先在下面垫上一块干净的抹布。 (2)用起子对气缸盖进行撬动时,注意不要损伤缸盖和缸体的表面。 (3)松动时只能在有定位销的地方,并保持垂直。	

8. 用橡皮锤松动气缸盖。 提示： (1)用橡皮锤松动气缸盖。 (2)松动时只能在有定位销的地方,并保持垂直。	
9. 取下气缸盖。 提示： (1)取下气缸盖时双手放置在气缸盖两侧。注意不要放到气缸盖底部,以免放置时压伤手。 (2)抬起气缸盖时检查气缸垫是否粘贴。如果有的话应先取下气缸垫。	
10. 将气缸盖平稳放置到枕木上。 提示： (1)检查气缸盖在枕木上放置是否平稳,以免气缸盖掉落损伤。 (2)在枕木上需要垫上抹布。	
11. 取下气缸垫。 提示： (1)如果粘贴很牢固,可以用铲刀进行分离。 (2)用双手取下气缸垫。	
12. 将气缸垫放置到零件车上的规定位置。 提示： 将气缸垫取下放置到规定位置。	
第二步　拆卸气门组	
1. 确认所需拆卸气门组。 提示： AJR发动机气门组一共有8个进排气门,分为4组,靠近凸轮轴正时齿轮的为1缸的进、排气门组;靠近飞轮侧的为4缸进、排气门组。	

2. 认识气门拆装专用工具。 提示： 进、排气门安装比较特殊，所以必须采用气门拆装专用工具。	
3. 旋转合适大小的气门拆装接头和接杆。 提示： 在使用时，根据气门弹簧座的大小，选择合适的气门拆装专用接头和接杆。	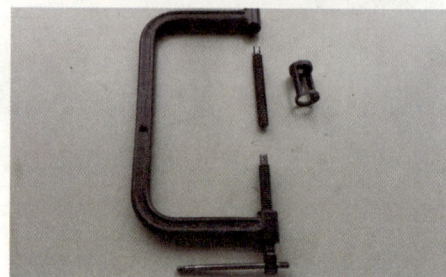
4. 组装气门拆装专用工具。 提示： 将选择好的气门拆装接头和接杆组装好。	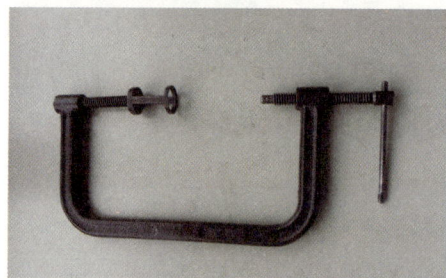
5. 调整气门拆装专用工具。 提示： (1)清洁工具。 (2)根据气缸盖的高度和拆装气门的需要，调整压缩器的高度，注意此时要考虑压缩气门弹簧时的余量。	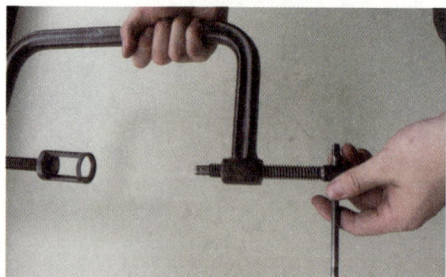
6. 压缩第一只气门弹簧。 提示： 使用气门拆装钳压缩气门弹簧，使两个气门锁片的位置脱离气门杆尾部的凹槽处。	
7. 选用吸棒吸出两片气门锁片。 提示： (1)在气门拆装钳压紧气门弹簧后，使气门锁片脱离其原先的位置，此时用吸棒吸出两片锁片，也可用尖嘴钳拆卸。 (2)拆卸后将其放置到零件车上的规定位置。	

8. 放松气门拆装专用工具,注意先向下压缩,使其脱离锁止位置后缓慢放松,最后取下气门拆装专用工具。

提示:

(1)气门拆装专用工具不要撞到气缸盖。

(2)清洁气门拆装专用工具。

9. 用手取下气门弹簧座。

提示:

(1)正确取下气门弹簧座。

(2)拆卸后将其放置到零件车上的规定位置。

10. 用手拆下气门弹簧。

提示:

(1)正确取下气门弹簧。

(2)拆卸后将其放置到零件车上的规定位置。

11. 用手取下气门。

提示:

(1)拆卸时不要损伤气门。

(2)两手配合进行拆卸。

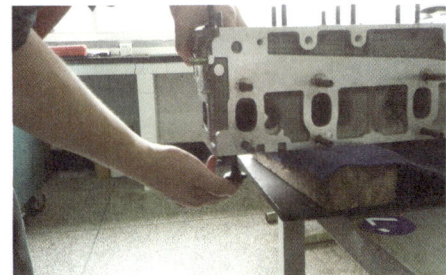

12. 安放气门组件。

提示:

(1)将气门组件组装后安放。

(2)锁片可放在边上不用组装。

13. 压缩第二只气门弹簧。

提示:

使用气门拆装钳压缩气门弹簧,使两个气门锁片的位置已经脱离气门杆尾部的凹槽处。

14. 选用吸棒吸出两片气门锁片。 提示： (1)在气门拆装钳压紧气门弹簧后,使气门锁片脱离其原先的位置,此时用吸棒吸出两片锁片,也可用尖嘴钳拆卸。 (2)拆卸后将其放置到零件车上的规定位置。	
15. 放松气门拆装专用工具,注意先向下压缩,使其脱离锁止位置后缓慢放松,最后取下气门拆装专用工具。 提示： (1)气门拆装专用工具不要撞到气缸盖。 (2)清洁气门拆装专用工具。	
16. 用手取下气门弹簧座。 提示： (1)正确取下气门弹簧座。 (2)拆卸后将其放置到零件车上的规定位置。	
17. 用手拆下气门弹簧。 提示： (1)正确取下气门弹簧。 (2)拆卸后将其放置到零件车上的规定位置。	
18. 用手取下气门。 提示： (1)拆卸时不要损伤气门。 (2)两手配合进行拆卸。	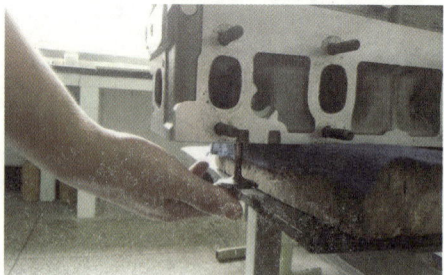
19. 安放气门组件。 提示： (1)将气门组件组装后安放。 (2)锁片可放在边上不用组装。 (3)两组气门组件安放在同一地方以便于安装。	

20. 清洁,整理工具。

提示:

工具要清洁干净,整齐摆放在工具车上。

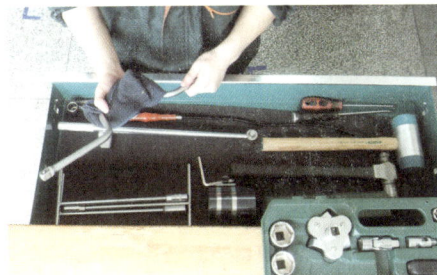

八、评价标准

任务3　拆卸气缸盖、气缸垫、气门组

序号	拆装项目:项目二　任务3 操作时间:15min 拆装步骤	实际用时:	评分标准			总分
			规范操作	工具使用	拆装要点	得/扣分
1	预松气缸盖螺栓。 要点:顺序为①⑦⑨⑤③、④⑥⑩⑧②		3	1	2	
2	松开气缸盖螺栓。		3	1		
3	分侧取出气缸盖螺栓,要点:缸盖螺栓应按顺序摆放,不得混淆。		2		2	
4	取下气缸盖,要点:放置方式合适,不得损坏气缸盖下平面。		2		2	
5	取下气缸垫。		1			
6	确认所需拆卸气门组。		1			
7	组装气门拆装专用工具。		2			
8	压缩第一只气门弹簧。		2	1		
9	取下第一只气门锁片。		2	1		
10	松开气门拆装专用工具,取下第一只气门弹簧座。		1			
11	取下第一只气门弹簧。		1			
12	取下第一只进/排气门,要点:把气门和弹簧、座、锁片按进排气门放置在一起。		1		2	
13	压缩第二只气门弹簧。		2	1		
14	取下第二只气门锁片。		2	1		
15	松开气门拆装专用工具,取下第二只气门弹簧座。		2			
16	取下第二只气门弹簧。		1			
17	取下第二只进/排气门,要点:把气门和弹簧、座、锁片按进排气门放置在一起。		1			
18	还原气门拆装专用工具。		2			
19	清洁整理工具,操作不当扣2分。		2			
20	整理工作台,操作不当扣2分。		2			
21	操作过程中发生零件、工具落地,每发生一次扣0.5分,共10分,扣完为止。		10			
22	零部件摆放没有按照拆装次序,扣5分;零部件摆放凌乱,扣5分。		5			
23	每超时1min扣3分,允许延时5min。		3			
24	由于拆装引起的零件损坏、丢失等,一次扣10分。		10			
25	由于拆装引起的人身伤害,一次扣20分。		20			

项目三　拆卸活塞连杆组

任务1
拆卸油底壳、机油泵总成

一、项目说明

1. 油底壳

油底壳总成一般由油底壳分总成、放油塞、放油塞垫片、固定螺栓、固定螺母组成。油底壳的作用是存储机油并封闭曲轴箱。油底壳底部装有放油螺栓,有的放油螺栓是磁性的,能吸收机油中的金属屑,以减少发动机运动零件的磨损。

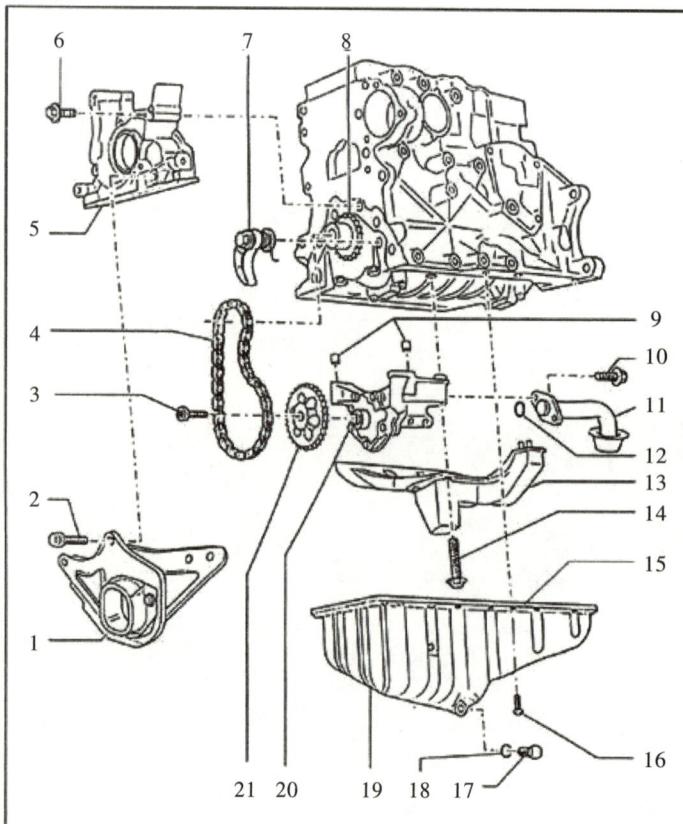

1　扭力臂
2　扭力臂固定螺栓
3　油泵链轮固定螺栓
4　机油泵链条
5　曲轴前端油封法兰
6　油封法兰固定螺栓
7　链条张紧器
8　曲轴链轮
9　销钉
10　机油泵吸油管固定螺栓
11　吸油管
12　密封圈
13　挡油板
14　挡油板固定螺栓
15　密封垫
16　油底壳固定螺栓
17　放油螺栓
18　放油螺栓密封圈
19　油底壳
20　机油泵
21　机油泵链轮

2. 挡油板

挡油板是由塑料制成,其作用是避免汽车行驶过程中发动机颠簸时造成的液面震荡激溅,有利于润滑油杂质的沉淀。

3. 正时齿轮

曲轴正时齿轮一般由铸铁制成,其主要作用是连接曲轴和正时皮带,将曲轴的旋转力矩传递给正时皮带。正时齿轮通过内孔和键槽安装在曲轴的前端轴上。其外圆上加工有齿轮与正时皮带相配合,在有些正时皮带上有安装标记,以便于安装时检查。

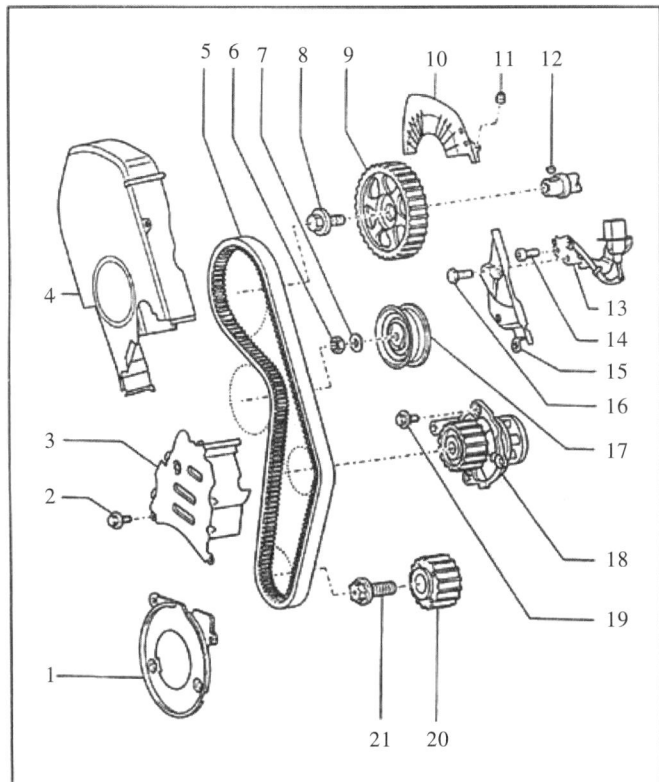

1　正时齿带下防护罩
2　中间防护罩螺栓(拧紧力矩10N·m)
3　正时齿带中间防护罩
4　正时齿带上防护罩
5　正时齿带
6　张紧轮固定螺栓(拧紧力矩15N·m)
7　波纹垫圈
8　凸轮轴正时齿带轮固定螺栓(拧紧力矩100N·m)
9　凸轮轴正时齿带轮
10　正时齿带后上防护罩
11　防护固定螺栓(拧紧力矩10N·m)
12　半圆键
13　霍尔传感器
14　螺栓(拧紧力矩10N·m)
15　正时齿带后防护罩
16　螺栓(拧紧力矩20N·m)
17　半自动张紧轮
18　泵
19　螺栓(拧紧力矩15N·m)
20　曲轴正时齿带轮
21　曲轴正时齿带轮螺栓(拧紧力矩90N·m+l/4圈)

4. 曲轴前端法兰

曲轴前端油封法兰装在曲轴前端的缸体上,其主要作用是密闭缸体前端,保证曲轴箱内的润滑油不会渗漏出来。

5. 机油泵、机油泵链条、张紧器

机油泵总成结构如上图所示,安装在气缸体前端,由曲轴链轮通过链条驱动。其作用是给润滑系提供具有一定压力的润滑油,保证润滑需要。机油泵链条通过链条张紧器张紧,防止脱链。

二、实训时间

20min。

三、实训教学目标

1. 认识油底壳、挡油板、机油泵。

2. 会正确拆装油底壳、挡油板、机油泵、张紧器。

四、实训器材

可调扭力扳手	大号短接杆	Φ19mm长套筒
Φ10mm丁字套筒	一字螺丝刀	记号笔
抹布	橡胶锤	

五、教学组织

1. 教学组织形式

本课程为"工艺化"实训课,实训教师1名,学生24名,实训室共有6个实训工位,按照4人1个工位编组。

2. 学生的站位分工和要求

学生按规定的工位站立,根据教师的指令同时进行独立操作。

3. 实训教师职责

播放教学视频,并讲解实训项目的操作步骤和相关的注意事项;下达"开始操作"口令;巡视、检查、指导和纠正学生操作中的错误;课堂总结;组织学生对实训室进行清洁整理。

4. 学生职责

认真观看教学视频;完成教师布置的任务;做好课后的清洁整理工作。

六、核心素养

1. 在进行油底壳拆卸时,两人合作操作,提高效率的同时培养学生的团队合作意识。

2. 机油泵在拆卸时,需有一定的拆卸技巧,通过评比各小组的拆卸方法,培养学生的实践能力和创新能力。

3. 实际操作时,油底壳油量较多,应避免出现因油液掉地而引起的摔倒事故,培养学生的操作安全意识。

4. 合理摆放零件和工具,培养学生的职业素养和职业习惯。

七、操作步骤

第一步 认识活塞连杆组	
1. 确认各气缸活塞缸号。 提示： (1)知道活塞连杆组的组成及功用。 (2)区分发动机气缸体的前后,靠近曲轴正时齿轮侧为发动机前方,靠近飞轮侧为发动机后方。 (3)认识各气缸缸号,从气缸体从前往后的顺序为1缸、2缸、3缸、4缸。	
2. 查阅技术资料。 提示： (1)了解活塞连杆组拆装方法和注意事项。 (2)认识并了解活塞连杆组的安装标记。	

第二步 确认各气缸活塞方向标记	
1. 确认各气缸活塞方向标记。 提示： (1)若没有标记,做好方向标记。 (2)在各活塞顶上注明是几缸活塞。 (3)两活塞上做完方向和缸号标记后旋转曲轴180°,使另两个活塞顶外露,以便做上相应标记。	

第三步 调整发动机位置	
1. 掌握发动机翻转架的正确使用和维护方法。 提示： (1)了解翻转架的正确使用,防止翻转手把脱落。 (2)若翻转架转动不灵活,则应在转动部件上加注适量机油。 (3)学会翻转架车轮的锁止和放松。	
2. 调整发动机翻转架至机体倒置位置。 提示： (1)油底壳中机油应提前放完。 (2)旋转至油底壳朝上位置。	

第四步　拆卸油底壳

1. 查阅油底壳技术资料。 提示： （1）了解油底壳正确的拆卸方法。 （2）了解油底壳拆卸的注意事项。	
2. 了解丁字套筒的正确使用。 提示： （1）了解丁字套筒的号数。 （2）了解丁字套筒如何提高拧螺栓的效率。	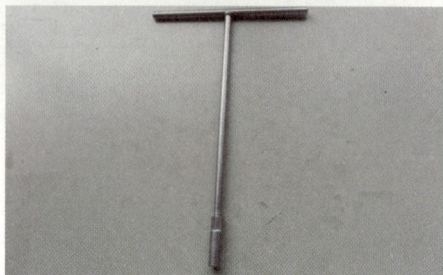
3. 预松油底壳螺栓。 提示： （1）使用丁字套筒分两次松动油底壳螺栓，即预松和拧松。 （2）螺栓由两边到中间依次对角预松。 （3）正确使用丁字套筒防止螺栓打滑。	
4. 拧松油底壳螺栓。 提示： （1）可用手进行拧松。 （2）如在拧松过程中存在卡滞现象，应及时查明卡滞原因方可继续拆卸。	
5. 取下油底壳螺栓。 提示： （1）取下螺栓时要小心，应防止螺栓掉落，如螺栓掉地上应采用压缩空气吹掉尘土和颗粒。 （2）油底壳螺栓可先拿在手中，等拆下油底壳后再将螺栓放到油底壳中，既方便又不会装错螺栓。	
6. 安放油底壳螺栓。 提示： 将油底壳螺栓安放在工具车上的合适位置，防止螺栓掉落。	

7. 取下油底壳。 提示： (1)小心上面的密封垫，不要让它掉落。 (2)油底壳体积较大，合理安放以节省工作台的空间。	
8. 安放油底壳。 提示： (1)将油底壳放于工作台橡胶垫上。 (2)油底壳凹面朝上，并将油底壳螺栓放入油底壳内。	
9. 取下密封垫。 提示： 不要使密封垫上沾满灰尘和颗粒。	
10. 安放密封垫。 提示： (1)将密封垫放于工作台上。 (2)检查密封垫技术状况。	
第五步　拆卸挡油板	
1. 认识挡油板。 提示： 了解挡油板的结构及作用。	
2. 查阅挡油板技术资料。 提示： (1)了解挡油板正确的拆卸方法。 (2)了解挡油板拆卸的注意事项。	

3. 取出Φ10mm丁字套筒。 提示： 确认丁字套筒的号数。	
4. 拧下挡油板紧固螺栓。 提示： (1)挡油板较油,不要使螺栓打滑。 (2)挡油板螺栓也可放于油底壳内。	
5. 安放挡油板拆装工具。 提示： (1)套筒清洁复位。 (2)棘轮扳手清洁复位。 (3)接杆清洁复位。	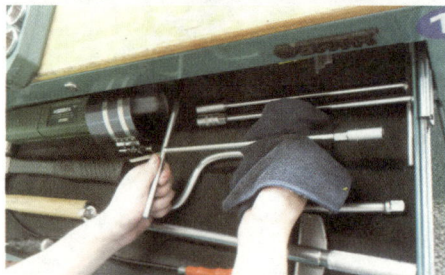
6. 安放挡油板紧固螺栓。 提示： 将挡油板螺栓一起放于油底壳内。	
7. 取下挡油板。 提示： (1)将拆下的挡油板放于油底壳内。 (2)由于油底壳体积较大,可安放于工作台下面。	
8. 安放挡油板。 提示： (1)将挡油板放入油底壳内。 (2)再将整个油底壳安放于工作台下面。	

第六步　拆卸曲轴正时齿轮	
1. 认识曲轴飞轮组。 提示： 了解曲轴飞轮组的结构特点。	
2. 查阅技术资料。 提示： (1)了解曲轴固定方法和注意事项。 (2)认识并了解曲轴固定专用工具的使用方法。	
3. 固定曲轴。 提示： (1)应使用专用工具,必要时可采有木制手柄代替。 (2)不可使用金属材料夹住曲轴,防止表面缺陷使机体力学性能降低。	
4. 认识正时齿轮。 提示： (1)了解正时齿轮的结构特点。 (2)确认正时齿轮的正、反面,必要时可做上标记。	
5. 查阅技术资料。 提示： (1)了解正时齿轮的拆装方法和注意事项。 (2)认识并了解正时齿轮的安装标记。	
6. 确认正时齿轮紧固螺栓拆装工具。 提示： (1)确认套筒的号数。 (2)确认棘轮扳手为拧松状态。	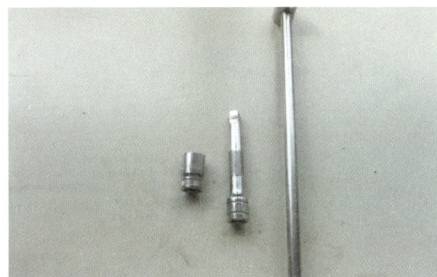

7. 预松曲轴前端正时齿轮的紧固螺栓。 提示： (1)正确选用套筒、接杆和棘轮扳手,防止螺栓打滑。 (2)应对角、分多次预松。	
8. 拧松曲轴前端正时齿轮的紧固螺栓。 提示： (1)可用手直接拧松。 (2)如在拧松过程中存在卡滞现象,应及时查明卡滞原因方可继续拆卸。	
9. 取下紧固螺栓。 提示： 防止螺栓掉落。	
10. 安放曲轴前端正时齿轮的紧固螺栓。 提示： (1)按顺序摆放正时齿轮紧固螺栓。 (2)螺栓应竖直摆放,以免滚落至地上。	
11. 取下正时齿轮。 提示： 可用手直接取下正时齿轮。	
12. 安放曲轴前端正时齿轮。 提示： (1)将正时齿轮放于工作台橡胶垫上。 (2)应把正时齿轮和其紧固螺栓放在一起,以免出错。	

13. 松开曲轴。 提示： （1）拆卸曲轴应用专用工具。 （2）将曲轴固定专用工具复位。	
14. 清洁工具。 提示： （1）清洁曲轴固定专用工具。 （2）如采用的是木制手柄，则清洁木制手柄。	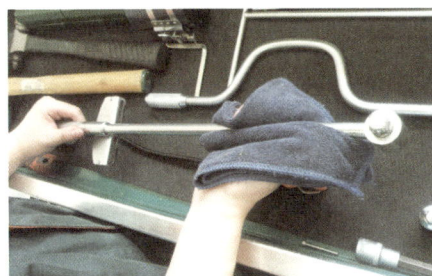
15. 工具归位。 提示： （1）安放曲轴固定专用工具。 （2）如采用的是木制手柄则将木制手柄复位。	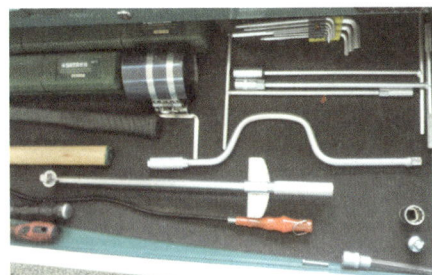

第七步　拆卸曲轴前端法兰

1. 认识曲轴前端法兰。 提示： （1）了解法兰的结构特点。 （2）确认法兰的正、反面，必要时可做好标记。	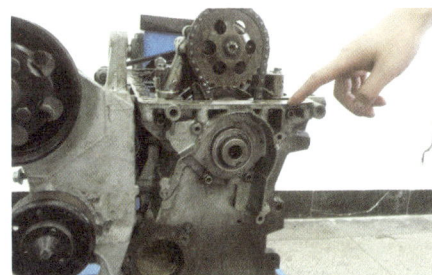
2. 查阅技术资料。 提示： （1）了解法兰的拆装方法和注意事项。 （2）认识并了解法兰的安装标记。	
3. 确认 Φ10mm 丁字套筒。 提示： 确认丁字套筒的号数。	

4. 预松曲轴前端法兰紧固螺栓。 提示： 螺栓应由两边到中间拧松。	
5. 拧松曲轴前端法兰紧固螺栓。 提示： (1)可用手直接拧松。 (2)如在拧松过程中存在卡滞现象，应及时查明卡滞原因，方可继续拆卸。 (3)应分多次拧松。	
6. 取下曲轴前端法兰紧固螺栓。 提示： 防止螺栓掉落。	
7. 安放曲轴前端法兰紧固螺栓。 提示： (1)安放于工作台橡胶垫上。 (2)螺栓应竖直安放，防止螺栓滚落至地上。	
8. 使用一字起轻撬曲轴前端法兰。 提示： (1)一字起上应包上抹布。 (2)正确选择合适的着力点，防止零部件损坏。	
9. 取下曲轴前端法兰。 提示： 法兰取下时应非常小心，防止和其他零部件碰撞造成损坏。	

10. 安放曲轴前端法兰。 提示： 法兰安装平面应朝上放置,不得在其他零部件放于法兰的上表面或下表面,法兰下应垫上橡胶垫以作保护。	

第八步　拆卸油泵链条张紧器	
1. 确认机油泵链条张紧器的位置。 提示： 了解机油泵链条张紧器的结构特点。	
2. 查阅技术资料。 提示： (1)了解机油泵链条张紧器的拆装方法和注意事项。 (2)认识并了解机油泵链条张紧器的安装标记。	
3. 拆卸机油泵链条张紧器。 提示： 链条张紧器拆卸时应小心,不要损坏相应零部件。	
4. 取下机油泵链条张紧器。 提示： 将链条张紧器安放于工作台上的合适位置。	
5. 安放机油泵链条张紧器。 提示： 将机油泵链条张紧器安放于工作台橡胶垫上。	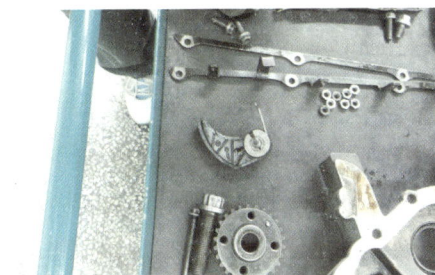

第九步　拆卸机油泵及链条

1. 确认发动机机油泵的位置。 提示： (1)了解发动机机油泵的结构及工作原理。 (2)确认机油泵的安装位置,防止安装时装反。	
2. 查阅技术资料。 提示： (1)了解机油泵的拆装方法和注意事项。 (2)认识并了解机油泵相关技术参数。	
3. 预松机油泵及链条紧固螺栓。 提示： (1)应对角预松。 (2)正确选用套筒、接杆和棘轮扳手,防止螺栓打滑。	
4. 拧松机油泵及链条紧固螺栓。 提示： (1)应分多次拧松对应螺栓。 (2)螺栓拆卸后可将其套在拆下来的机油泵对应螺孔内,以防止装错螺栓。	
5. 安放机油泵螺栓。 提示： 将机油泵螺栓安放到工具车上的合适位置。	
6. 取下机油泵、链条。 提示： (1)合理摆放机油泵总成,若机油泵上有残留机油,则应将机油泵放入油盘内,再将油盘放于工作台上。 (2)链条要注意保养,应安放于橡胶垫上。	

7. 安放机油泵、链条。 提示： (1)将机油泵、链条安放于工作台橡胶垫上。 (2)机油泵、链条应与机油泵紧固螺栓放在一起，以免安装时出错。	

八、评价标准

任务1　拆卸油底壳、挡油板、机油泵总成评分标准

序号	拆装项目：项目三　任务1	实际用时：	评分标准			总分
	操作时间：20min		规范操作	工具使用	拆装要点	
	拆装步骤					得/扣分
1	确认各气缸活塞方向标记，要点：若没有，做好标记。		2		2	
2	调整发动机翻转架至机体倒置位置。		2	2		
3	预松油底壳螺栓，要点：螺栓由两边到中间对角拧松。		4	2	2	
4	拆卸油底壳螺栓。		4	2		
5	取下油底壳。		2			
6	取下密封垫。		2			
7	拧下挡油板紧固螺栓。		2	2		
8	取下挡油板。		2			
9	固定曲轴。		2			
10	预松曲轴前端正时齿轮的紧固螺栓。		2	2		
11	拆下紧固螺栓。		2	2		
12	取下正时齿轮。		2			
13	松开曲轴。		2			
14	预松曲轴前端法兰紧固螺栓，要点：螺栓从两边到中间拧松。		2	2	2	
15	拆卸曲轴前端法兰紧固螺栓。		2	2		
16	取下曲轴前端法兰紧固螺栓。		2			
17	拆卸机油泵链条张紧器紧固螺栓。		2	2		
18	取下机油泵链条张紧器。		2			
19	预松机油泵及链条紧固螺栓。		2	2		

序号	拆装项目:项目三 任务1		实际用时:	评分标准			总分
	操作时间:20min			规范操作	工具使用	拆装要点	
	拆装步骤						得/扣分
20	拆卸机油泵及链条紧固螺栓。			2	2		
21	拆下机油泵、链条。			4			
22	清洁整理工具,操作不当扣2分。				2		
23	整理工作台,操作不当扣2分。				2		
24	操作过程中发生零件、工具落地,每发生一次扣0.5分,共10分,扣完为止。			10			
25	零部件摆放没有按照拆装次序,扣5分;零部件摆放凌乱,扣5分。			5			
26	每超时1min扣3分,允许延时5min。			3			
27	由于拆装引起的零件损坏、丢失等,一次扣10分。			10			
28	由于拆装引起的人身伤害,一次扣20分。			20			

项目三　拆卸活塞连杆组

任务2
拆卸活塞连杆组、活塞环

一、项目说明

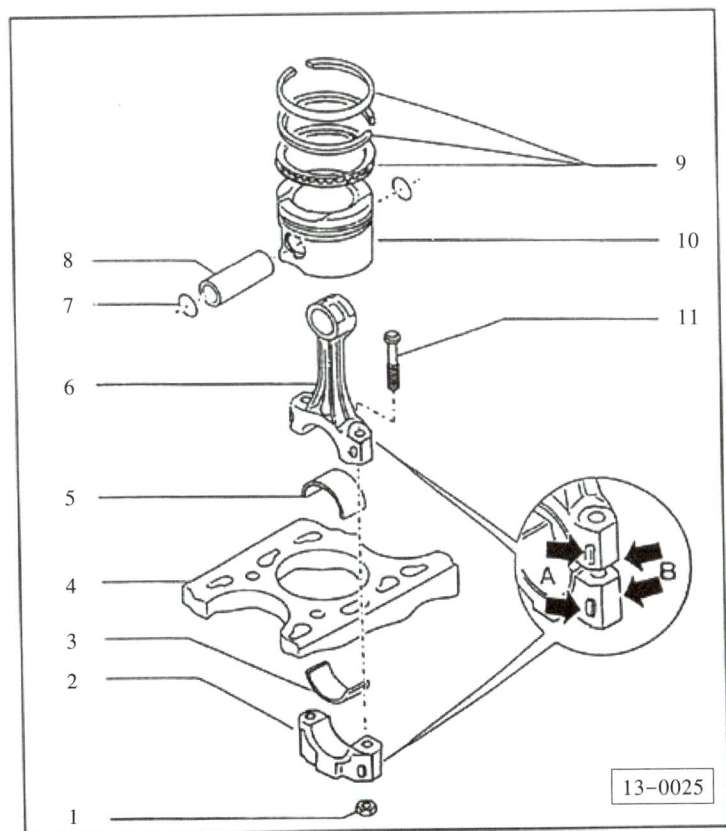

13-0025

1　连杆螺母
拧紧力矩30N·m+90°
连杆螺栓在拆卸后更换
润滑螺纹和接触表面
在测量径向间隙时拧紧到30N·m,不要再加90°。
2　连杆轴承盖
注意安装位置
安装时不要使用密封剂
3　轴瓦
注意安装位置
不要混用使用过的轴瓦(做好标记)
4　气缸体
5　轴瓦
注意安装位置
不要混用使用过的轴瓦(做好标记)
轴向间隙
新:0.10—0.35m
磨损极限:0.40mm
径向间隙
新:0.01—0.05m
在测量径向间隙时不要转动曲轴
6　连杆
只能成套更换
7　夹箍
8　活塞销
如果安装困难将活塞加热到60℃
使用VW222a进行拆卸和安装

9　活塞环
开口偏移120°
使用活塞环钳进行拆卸和安装
"TOP"标记必须朝向活塞顶部
检查末端间隙
检查缝隙

10　活塞
标记位置和锁配对的气缸
活塞裙部的箭头必须朝向皮带轮
使用活塞环钳安装

11　连杆螺栓
拆卸后更换

85

1. 活塞连杆组的组成

发动机活塞连杆组一般由活塞环组件、连杆轴承、活塞分总成、连杆分总成、连杆螺母等部件组成。

2. 活塞连杆组各部件的作用

（1）活塞

活塞的作用是承受气缸中的气体压力，并通过活塞销将力传给连杆驱使曲轴旋转，活塞顶部还与气缸盖、气缸壁共同组成燃烧室。

（2）活塞环

活塞环包括气环和油环两种。气环的作用是保证活塞与气缸壁之间的密封，防止气缸中高温、高压燃气漏到曲轴箱中，同时还将活塞顶部的大部分热量传给气缸壁，再由冷却液或空气带走。油环用来刮去气缸壁上多余的机油，并在气缸壁面上涂抹一层均匀的机油膜，这样既可以防止机油窜入气缸内燃烧，又可以减小活塞、活塞环与气缸壁的磨损和摩擦阻力。

（3）活塞销

活塞销的作用是连接活塞和连杆小头，将活塞承受的气体作用力传给连杆。

（4）连杆

连杆的作用是连接活塞和曲轴，把活塞的上下往复运动转变为曲轴的旋转运动，并将活塞承受的力传给曲轴。

二、实训时间

20min。

三、实训教学目标

1. 认识活塞连杆组的各组成部分。
2. 会拆卸活塞连杆组和活塞环。

四、实训器材

扭力扳手	Φ19mm套筒	大号短接杆
E10套筒	橡胶锤	活塞环钳

中号长接杆	中号棘轮扳手	记号笔
抹布		

五、教学组织

1. 教学组织形式

本课程为"工艺化"实训课,实训教师1名,学生24名,实训室共有6个实训工位,按照4人1个工位编组。

2. 学生的站位分工和要求

学生按规定的工位站立,根据教师的指令同时进行独立操作。

3. 实训教师职责

播放教学视频,并讲解实训项目的操作步骤和相关的注意事项;下达"开始操作"口令;巡视、检查、指导和纠正学生操作中的错误;课堂总结;组织学生对实训室进行清洁整理。

4. 学生职责

认真观看教学视频;完成教师布置的任务;做好课后的清洁整理工作。

六、核心素养

1. 曲轴正时齿轮不要拧得太紧,可直接用手拧紧。通过教学演示,引导学生进行实践创新。

2. 活塞连杆组在拆卸时,需观察各活塞和连杆盖上是否有标记;若无标记,应做好标记,帮助学生提高职业责任意识。

3. 活塞环在拆卸时要使用专用工具,通过观察教师的操作达成相关的操作要求,提高学生的观察能力。

4. 合理摆放零件和工具,培养学生的职业素养和职业习惯。

七、操作步骤

第一步　调整待拆活塞位置	
1. 装上正时齿轮和紧固螺栓。 提示： (1)要对正安装位置。 (2)螺栓不必按规定力矩拧紧。	
2. 认识发动机曲轴旋转工具。 提示： (1)确认套筒的号数。 (2)确认扭力扳手的技术状态。	
3. 旋转发动机曲轴,使(待拆)气缸处于活塞下止点位置。 提示： (1)注意扭力扳手的正确使用。 (2)曲轴旋转方向应按发动机的旋转方向旋转。	
4. 安放发动机曲轴旋转工具。 提示： (1)套筒清洁后复位。 (2)扭力扳手清洁后复位。	
第二步　检查轴承盖记号	
1. 认识发动机活塞连杆组。 提示： (1)了解发动机活塞连杆组的结构及工作原理。 (2)确认活塞连杆组的安装位置及安装顺序。	

2.查阅技术资料。 提示： (1)了解连杆盖的拆装方法和注意事项。 (2)认识并了解活塞连杆组的相关技术参数。	
3.检查各缸连杆轴承盖的缸数记号。 提示： (1)若没有记号,做好缸数记号。 (2)注意观察连杆盖的安装方向记号。	

第三步　拆卸连杆轴承盖

1.确认连杆轴承盖拆装工具。 提示： (1)确认棘轮扳手为拧松装态。 (2)确认接杆接头大小合适。 (3)确认套筒号数。 (4)组装工具。	
2.预松连杆轴承盖螺栓。 提示： (1)应交替分次预松连杆轴承盖螺栓。 (2)正确选用套筒、接杆和棘轮扳手,防止螺栓打滑。	
3.拧松连杆轴承盖螺栓。 提示： (1)如发现连杆盖螺栓有卡滞现象,应停止旋松螺栓,检查并排除原因,再进行拆卸。 (2)拆卸过程中注意不要使轴瓦掉下来。	
4.清洁连杆轴承盖拆装工具。 提示： (1)套筒清洁。 (2)扭力扳手清洁。 (3)接杆清洁。	

5. 安放挡油板拆装工具。 提示： (1)套筒清洁后复位。 (2)棘轮扳手清洁后复位。 (3)接杆清洁后复位。	
6. 取下连杆轴承盖及螺栓。 提示： (1)将拆下的轴承盖平放于工作台橡胶垫上。 (2)应注意轴瓦的安装位置，不要装反。	
7. 安放连杆轴承盖及螺栓。 提示： (1)将拆下的轴承盖平放于工作台橡胶垫上。 (2)螺栓可先套在轴承盖上。	

第四步　取出活塞连杆总成

1. 取出活塞连杆组推出工具。 提示： (1)一般采用木制手柄代替。 (2)注意木制手柄的清洁。	
2. 从连杆大头处往气缸上部方向推出活塞连杆总成。 提示： (1)用非金属件推出活塞连杆总成。 (2)在连杆螺栓上套上橡胶套。	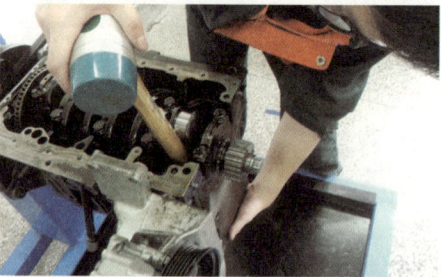
3. 安放活塞连杆组推出工具。 提示： 工具清洁后复位。	

4. 将原连杆盖、瓦、连杆螺栓套回连杆大头处。 提示： (1)注意各个零件的方向。 (2)螺母不用按规定力矩拧紧。	

第五步 拆卸活塞环	
1. 认识发动机活塞环。 提示： (1)了解发动机活塞环的结构及工作原理。 (2)确认活塞环的安装位置、安装方向及安装顺序。	
2. 查阅技术资料。 提示： (1)了解活塞环的拆装方法和注意事项。 (2)认识并了解活塞环的相关技术参数。	
3. 取出活塞环拆装专用工具。 提示： (1)了解活塞环拆装工具的使用方法。 (2)掌握活塞环拆装专用工具的正确使用。	
4. 拆下第一道气环。 提示： (1)正确使用活塞环拆装工具拆卸气环。 (2)注意不要用力过猛以免损环气环。 (3)按顺序摆放活塞环。	
5. 拆下第二道气环。 提示： (1)正确使用活塞环拆装工具拆卸气环。 (2)注意不要用力过猛以免损环气环。 (3)按顺序摆放活塞环。	

6. 安放活塞环拆装工具。 提示： 活塞环拆装工具清洁后复位。	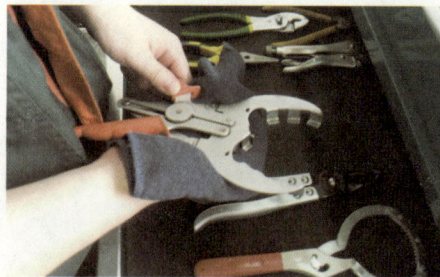
7. 拆卸油环上刮片。 提示： (1)油环括片较易折断,拆卸时要特别小心。 (2)油环刮片一般用手拆卸。	
8. 拆卸油环下刮片。 提示： (1)油环括片较易折断,拆卸时要特别小心。 (2)油环刮片一般用手拆卸。	
9. 拆卸油环衬簧。 提示： (1)油环衬簧不能拉长变形。 (2)油环衬簧一般用手拆卸。	
10. 清洁活塞环。 提示： (1)注意不要让活塞环变形。 (2)采用汽油、毛刷清洗。	
11. 清洁活塞。 提示： (1)注意清洁活塞上的积炭。 (2)采用汽油、毛刷清洗。	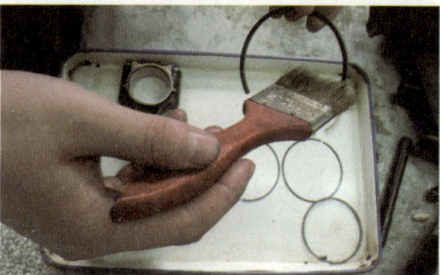

12. 清洁工作区。

提示：

(1)包括工作台、地面、工量具、设备等。

(2)按7S要求清洁工作区。

13. 整理工具。

提示：

(1)工具应清洁后复位。

(2)工具放回工作车上的原来位置。

八、评价标准

任务2　拆卸活塞连杆组、活塞环评分标准

序号	拆装项目:项目三 任务2 操作时间:20min 拆装步骤	实际用时:	规范 操作	工具 使用	拆装 要点	总分 得/扣分
			评分标准			总分
1	装上正时齿轮和紧固螺栓,要点:对正安装位置。		2		2	
2	旋转发动机曲轴,使(待拆)气缸处于活塞下止点位置。		2	2		
3	检查各缸连杆轴承盖的位置记号,若没有,做好记号。		2		2	
4	预松连杆轴承盖螺栓,要点:交替分次旋松连杆轴承盖螺栓。		2	2	2	
5	拆卸连杆轴承盖螺栓。		2	2	4	
6	取下连杆轴承盖及螺栓。		2			
7	从连杆大头处往气缸上部方向推出活塞连杆总成,要点:用非金属件推出活塞连杆总成。		2	2	2	
8	将原连杆盖、瓦、连杆螺栓套回连杆大头处,要点:注意各个零件的方向。		4		2	
9	拆下第一道气环,要点:正确使用工具。		4	2	2	
10	拆下第二道气环,要点:正确使用工具。		4	2	2	
11	拆卸油环上刮片。		4			
12	拆卸油环下刮片。		4			
13	拆卸油环衬簧。		2			
14	清洁活塞环。		2			
15	清洁活塞。		2			
16	清洁整理工具,操作不当扣2分。			2		
17	整理工作台,操作不当扣2分。			2		
18	操作过程中发生零件、工具落地,每发生一次扣0.5分,共10分,扣完为止。			10		
19	零部件摆放没有按照拆装次序,扣5分;零部件摆放凌乱,扣5分。			5		
20	每超时1min扣3分,允许延时5min。			3		
21	由于拆装引起的零件损坏、丢失等,一次扣10分。			10		
22	由于拆装引起的人身伤害,一次扣20分。			20		

安装活塞环、安装活塞连杆组

一、项目说明

1. 活塞环安装

按先油环后气环的顺序逐个安装活塞环。

(1)油环安装:先将油环弹簧用手装入油环槽内,再将上、下两刮油环装入,并且按《大众AJR维修手册》将上、下刮油环的端口按指定位置安装。

(2)气环安装:两道气环按先装第二道后装第一道的顺序,用活塞环拆装钳依次装入。第二道气环装入时应辨明安装方向,活塞环侧有标记的一面应朝上安装;第一道活塞环无标记,因此无须辨明安装方向。所有气环的端口按《大众AJR维修手册》的指定位置进行安装。

2. 安装活塞连杆组

在安装活塞连杆组的过程中,要保证活塞连杆组与气缸相对应,连杆大头处有代表缸序的阿拉伯数字,如"1"代表第一缸的活塞连杆组。在安装之前,在活塞的环槽、裙部、活塞销、气缸壁、连杆轴承处涂抹润滑,其目的是改善发动机起动前配合面之间的润滑条件,以及加强气缸的密封作用。将活塞连杆组放入气缸之前,要确认活塞的朝前标记,大众AJR发动机在活塞顶部标有"→"标记。若活塞的方向装反,将会改变活塞连杆组在气缸内的正常运动状态,以致加剧活塞、活塞环、气缸壁的磨损。

在用木锤柄敲击活塞落位时,要两人配合安装。一人轻轻敲击活塞顶部,另一人在连杆大头方向时刻观察活塞的落位情况,主要观察连杆大头的方向是否对正连杆轴颈,并用手托住连杆大头,防止连杆螺栓刮伤气缸壁和连杆轴颈。

在安装连杆轴承盖时,轴承盖上的凸点应朝向皮带轮方向。安装连杆螺母时应先用手旋入几扣,再用工具拧紧至规定力矩。之后,要转动曲轴,检查安装情况。目的是及时发现问题,若感觉曲轴不能转动自如,则应查找问题,甚至重新安装此活塞连杆组。

二、技术标准与要求

1. 使用活塞环钳进行安装气环,气环上标有"TOP"标记的一面应朝上安装。

2. 活塞环开口应该错开120°,如下图所示。

3. 将活塞连杆组放入气缸之前,要确认活塞的朝前标记,大众AJR发动机在活塞顶部标有"→"朝前标记,在安装连杆轴瓦时,上下瓦止口要与连杆轴承盖和连杆大头的止口槽对齐。

4. 大众AJR发动机连杆螺母的拧紧力矩为30N·m+90°。

三、实训时间

15min。

四、实训教学目标

1. 掌握安装活塞连杆组的顺序。

2. 掌握安装活塞连杆组的工艺。

3. 会安装活塞环和活塞连杆组。

五、实训器材

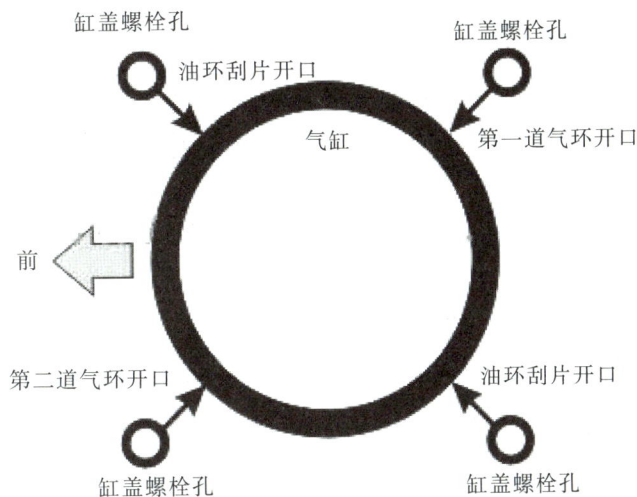

毛刷	吹尘枪气枪	机油壶
扭力扳手	Φ19mm套筒	大号短接杆

活塞环钳	可调扭力扳手	橡胶锤
Φ14mm套筒	中号长接杆	中号棘轮扳手
抹布	记号笔	活塞环压缩器

六、教学组织

1. 教学组织形式

本课程为"工艺化"实训课,实训教师1名,学生24名,实训室共有6个实训工位,按照4人1个工位编组。

2. 学生的站位分工和要求

学生按规定的工位站立,根据教师的指令同时进行独立操作。

3. 实训教师职责

播放教学视频,并讲解实训项目的操作步骤和相关的注意事项;下达"开始操作"的口令;巡视、检查、指导和纠正学生操作中的错误;课堂总结;组织学生对实训室进行清洁整理。

4. 学生职责

认真观看教学视频;完成教师布置的任务;做好课后的清洁整理工作。

七、核心素养

1. 确认各活塞的安装位置。思考活塞位置装错带来的后果,培养学生勤于思考的学习习惯。

2. 安装活塞环时,讨论环若装错带来的后果,增强学生的责任意识。

3. 活塞在装入气缸时要用到专用工具,还要有一定的技巧。小组合作和组间竞赛模式,能够培养学生的合作精神、沟通能力和团队意识。

4. 安装完零件后应按7S要求清理并摆放好工具,培养学生良好的职业习惯。

八、操作步骤

第一步　调整待装气缸位置	
1. 确认或调整(待装)气缸处于曲轴下止点位置。 提示： (1)注意扭力扳手的正确使用。 (2)曲轴转动方向应按发动机旋转方向旋转。	
2. 调整发动机缸体至直列上置位置。 提示： (1)使用翻转架使气缸体上表面朝上。 (2)确认气缸体及曲轴位置是否符合要求。	
第二步　安装活塞环	
1. 查阅技术资料。 提示： (1)了解活塞油环的安装方法。 (2)认识并了解活塞油环安装的注意事项。	
2. 清洁活塞衬簧。 提示： (1)使用毛刷、汽油和油盘进行清洁。 (2)注意油环衬簧的清洁,不得有残留污物和颗粒等。	
3. 取出气枪并连接压缩空气。 提示： (1)注意气枪接口的正确安装,不应有漏气现象。 (2)连接完成后可对准地面进行试喷,检查设备是否完好。	

4. 使用压缩空气吹净衬簧。 提示： （1）将衬簧拿在手中进行吹净。 （2）注意手拿着部位的吹净。	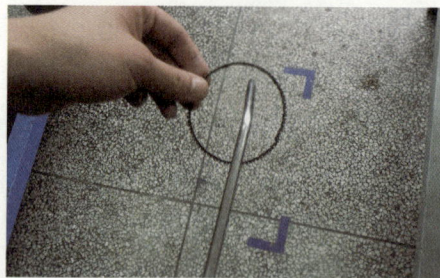
5. 安装油环衬簧。 提示： （1）不要过于拉伸衬簧，以免变形。 （2）注意衬簧应清洁干净。	
6. 清洁活塞下刮片。 提示： （1）使用毛刷、汽油和油盘进行清洁。 （2）注意油环下刮片的清洁，不得有残留污物和颗粒等。	
7. 使用压缩空气吹净下刮片。 提示： （1）将下刮片拿在手中进行吹净。 （2）注意手拿着部位的吹净。	
8. 安装油环下刮片。 提示： （1）油环括片较易折断，安装时不要使油环刮片变形失效。 （2）油环刮片一般用手安装。 （3）油环刮片不要装反。	
9. 清洁活塞上刮片。 提示： （1）使用毛刷、汽油和油盘进行清洁。 （2）注意油环上刮片的清洁，不得有残留污物和颗粒等。	

10. 使用压缩空气吹净上刮片。 提示: (1)将上刮片拿在手中进行吹净。 (2)注意手拿着部位的吹净。	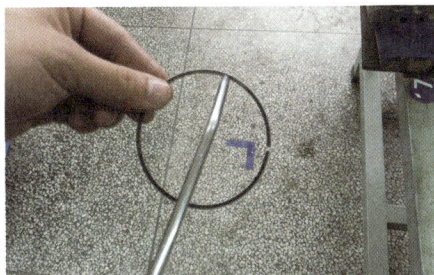
11. 安装油环上刮片。 提示: (1)油环括片较易折断,安装时不要使油环刮片变形失效。 (2)油环刮片一般用手安装。 (3)油环刮片不要装反。	
12. 查阅技术资料。 提示: (1)了解活塞气环的安装方法。 (2)了解活塞气环安装时的注意事项。	
13. 清洁活塞第二道气环。 提示: (1)使用毛刷、汽油和油盘进行清洁。 (2)注意检查第二道气环标记。	
14. 使用压缩空气吹净第二道气环。 提示: (1)将第二道气环拿在手中进行吹净。 (2)注意手拿着部位的吹净。	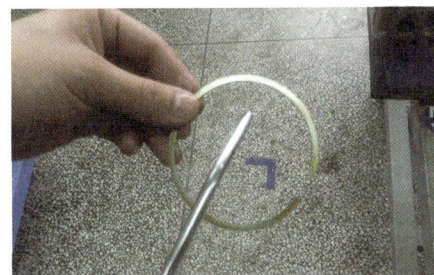
15. 安装第二道气环。 提示: (1)正确使用活塞环拆装工具安装气环。 (2)注意不要用力过猛,以免损环气环。	

16. 清洁活塞第一道气环。 提示： （1）使用毛刷、汽油和油盘进行清洁。 （2）注意检查第一道气环标记。	
17. 使用压缩空气吹净第一道气环。 提示： （1）将第一道气环拿在手中进行吹净。 （2）注意手拿部位的吹净。	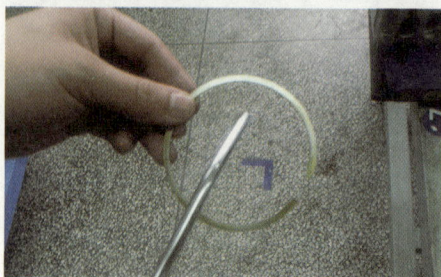
18. 安装第一道气环。 提示： （1）正确使用活塞环拆装工具安装气环。 （2）注意不要用力过猛，以免损环气环。	

第三步　安装连杆轴瓦

1. 重新脱开连杆轴承盖。 提示： 可直接用手转动螺母拆卸。	
2. 取下上、下连杆轴瓦。 提示： （1）取下后应按顺序摆放。 （2）不要换错上、下轴瓦。	
3. 清洁连杆轴瓦。 提示： （1）连杆轴瓦清洁完后仍要按顺序放好，不可互换上、下轴瓦。 （2）可用汽油、毛刷和油盘进行清洗。	

4.使用压缩空气吹净连杆轴瓦。 提示： (1)将连杆轴瓦拿在手中进行吹净。 (2)轴瓦的正、反面均需吹干净。	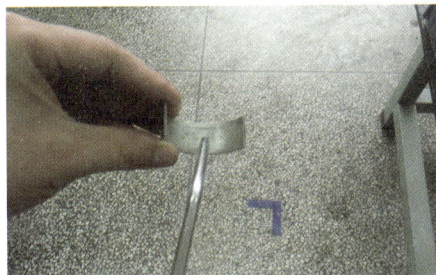
5.润滑连杆轴瓦。 提示： (1)使用手指将连杆轴瓦正、反面涂上机油。 (2)注意手指必须干净,不得有颗粒物质。	
6.清洁连杆。 提示： (1)可用汽油、毛刷和油盘进行清洗。 (2)清洗必须仔细、有效。	
7.使用压缩空气吹净连杆。 提示： (1)将连杆拿在手中进行吹净。 (2)连杆安放轴瓦处为重点清洁对象。	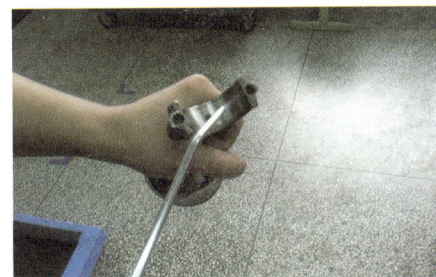
8.清洁轴承盖。 提示： (1)可用汽油、毛刷和油盘进行清洗。 (2)清洗必须仔细、有效。	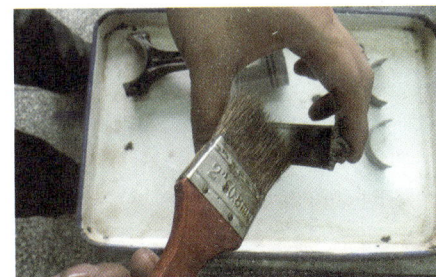
9.使用压缩空气吹净轴承盖。 提示： (1)将轴承盖拿在手中进行吹净。 (2)轴承安放轴瓦处为重点清洁对象。	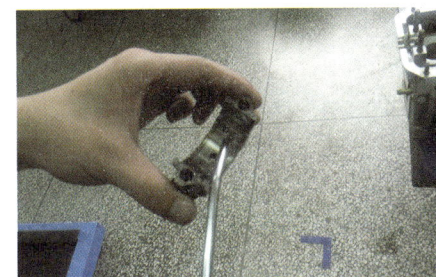

10. 将上、下连杆轴瓦装入连杆和轴承盖。 提示： （1）上、下连杆轴瓦不能装错，要求到位正确。 （2）对正轴瓦中的标记凹槽。	

第四步　调整活塞环位置

1. 清洗双手。 提示： （1）可用抹布清洁双手。 （2）确保手上没有残留颗粒物质。	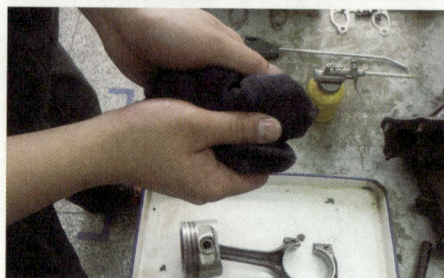
2. 使用双手调整气环开口位置。 提示： （1）第一道开口避开活塞侧压力大的一面及活塞销方向、其垂直方向，第二道和第一道开口错开180°。 （2）可用手直接调整。 （3）要保持活塞环和活塞干净。	
3. 调整油环开口位置。 提示： （1）两刮片开口错开180°。 （2）可用手直接调整。 （3）要保持油环干净。	

第五步　清洁气缸壁连杆轴颈

1.清洁气缸壁。 提示： （1）使用抹布进行清洁。 （2）注意抹布必须干净。	
2. 使用压缩空气吹净气缸壁。 提示： （1）气枪不要触碰气缸壁，以免引起划伤。 （2）检查是否有残留脏污。	

3. 清洁（待装）轴颈。 提示： （1）使用抹布进行清洁。 （2）注意抹布必须干净。	
4. 使用压缩空气吹净（待装）轴颈。 提示： （1）气枪不要触碰轴颈，以免引起划伤。 （2）检查是否有残留脏污。	
5. 润滑（待装）轴颈。 提示： （1）使用手指在轴颈上涂上机油。 （2）注意手指必须干净，不得有颗粒物质。	

第六步　安装活塞	
1. 取出活塞环夹紧工具。 提示： （1）确认工具技术状况。 （2）调试工具夹紧位置，使其略大于活塞直径。	
2. 清洁活塞环夹紧工具。 提示： （1）使用抹布进行清洁。 （2）注意保持抹布干净。	
3. 使用压缩空气吹净活塞圆柱侧面。 提示： （1）气枪不要触碰活塞侧面，以免引起划伤。 （2）检查是否有残留脏污。	

4. 用工具夹紧所有活塞环。 提示： (1)采用活塞环安装工具进行安装。 (2)注意应夹得紧一点，以免活塞装不进去。	
5. 从气缸上部放入相应气缸内。 提示： (1)活塞顶部的方向记号应朝向发动机前部。 (2)注意核对活塞上的气缸号，不要装错。	
6. 取出榔头手柄。 提示： (1)用手拿住榔头头部，使用木柄进行安装。 (2)确保榔头手柄干净。	
7. 用榔头柄将活塞轻轻敲入气缸。 提示： (1)套上活塞环夹后，活塞环夹和活塞间不得相互旋转，避免破坏活塞环开口位置。 (2)连杆大头要对准曲轴轴颈，防止连杆大头歪到曲轴轴颈一边，引起卡滞。	
8. 推至连杆大头完全进入曲轴连杆轴径内。 提示： (1)确保安装到位。 (2)防止轴瓦掉落。	

第七步　安装连杆轴承盖

1. 调整发动机翻转架至机体倒置位置。 提示： (1)旋转发动机180°，直至活塞头朝下。 (2)确认连杆大头是否安装到位。	

2. 安装连杆轴承盖(带下瓦)。 提示: (1)上、下轴瓦止口相对安装。 (2)确认轴承盖标记是否对准。 (3)确认轴承盖上标记的缸数标记是否为正在安装的气缸。	
3. 取出弓形扳手,转换接头,E10套筒。 提示: (1)确认套筒号数。 (2)正确使用工具并进行安装。	
4. 预紧连杆紧固螺栓。 提示: 对角分多次预紧。	
5. 取出E10套筒、转换接头、接杆和预制力扭力扳手。 提示: (1)确认套筒号数。 (2)正确使用工具并进行安装。 (3)确认扭力扳手方向。	
6. 拧紧连杆轴承盖紧固螺栓至30N·m。 提示: (1)使用预制力扭力扳手拧紧。 (2)注意扭力扳手的正确使用和拧紧方向。	
7. 取出记号笔。 提示: 选择黑色记号笔。	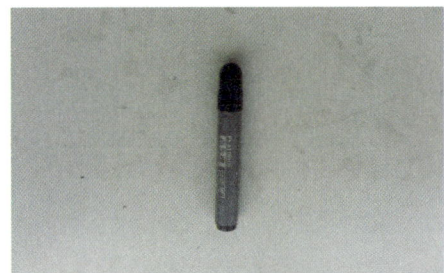

8. 在连杆轴承盖紧固螺栓上做好记号。 提示： （1）使用黑色记号笔做记号。 （2）记号应能快速辨认，不易擦除。	
9. 确认记号是否标记到位。 提示： （1）记号应明显、清楚。 （2）画一点或一短直线即可。 （3）记号可做在螺母的一侧。	
10. 清洁记号笔。 提示： 使用干净抹布进行清洁。	
11. 安放记号笔。 提示： 记号笔归位。	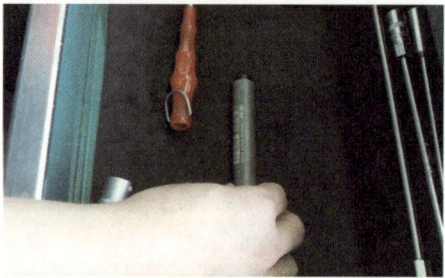
12. 取出工具。 提示： （1）取出扭力扳手。 （2）取出接杆。 （3）取出套筒。	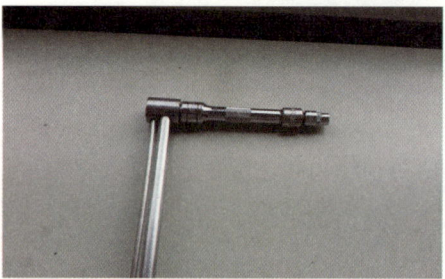
13. 拧转连杆轴承盖紧固螺栓90°。 提示： （1）使用标记确保转角90°。 （2）拧转完后再次确认。	

14. 清洁工具。 提示： (1)扭力扳手和接杆不需清洁,后续要用。 (2)清洁套筒。	
15. 工具归位。 提示： (1)扭力扳手、接杆不需归位,后续要用。 (2)安放套筒。	
16. 取出工具。 提示： (1)使用刚才的扭力扳手和接杆。 (2)取出套筒用以旋转曲轴。	
17. 旋转曲轴,检查安装情况。 提示： (1)必需旋转一周以上。 (2)如曲轴有卡滞现象应立即停止转动曲轴,松开连杆盖,重新检查并安装活塞连杆组。	
18. 清洁工具。 提示： (1)清洁扭力扳手。 (2)清洁接杆。 (3)清洁套筒。	
19. 工具归位。 提示： (1)安放扭力扳手。 (2)安放接杆。 (3)安放套筒。	

20. 取出工具。

提示：

(1)取出曲轴固定专用工具。

(2)必要时可采有木制手柄代替。

九、评价标准

任务1　安装活塞环、活塞连杆组评分标准

序号	拆装项目：项目四 任务1	实际用时：	评分标准			总分
	操作时间：15min		规范操作	工具使用	拆装要点	得/扣分
	拆装步骤					
1	确认或调整(待装)气缸处于曲轴下止点位置。		2			
2	调整发动机缸体至直列上置位置。		2	1		
3	安装油环衬簧。		2			
4	安装油环下刮片。		2			
5	安装油环上刮片。		2			
6	检查活塞环类型和标记。		1			
7	安装第二道气环,要点:安装方向正确。		2	1	2	
8	安装第一道气环,要点:安装方向正确。		2	1	2	
9	重新脱开连杆轴承盖。		1			
10	取下上、下连杆轴瓦。		1			
11	清洁连杆轴瓦。		1			
12	将上、下连杆轴瓦装入连杆,要点:上、下连杆轴瓦不能装错,到位要求正确。		2		2	
13	调整气环开口位置,要点:调整气环开口位置。要求第一道开口避开活塞侧压力大的一面及活塞销方向、其垂直方向,第二道和第一道开口错开180°。		2		2	
14	调整油环开口位置,要点:两刮油片开口错开180°。		2		2	
15	清洁气缸壁		1			
16	用工具夹紧所有活塞环		2	1		
17	从气缸上部放入相应气缸内,要点:活塞顶部的方向记号应朝向发动机前部。		2		2	
18	用榔头柄将活塞轻轻敲入气缸,要点:套上活塞环夹后,活塞环夹和活塞间不得相互旋转,以破环活塞环开口位置。		2	1	2	
19	推至连杆大头完全进入曲轴连杆轴径内。		2	1		
20	调整发动机翻转架至机体倒置位置。		2	1		
21	安装连杆轴承盖(带下瓦),要点:上下瓦止口相对安装。		2		2	

序号	拆装项目:项目四 任务1		实际用时:	评分标准			总分
	操作时间:15min			规范操作	工具使用	拆装要点	
	拆装步骤						得/扣分
22	预紧连杆紧固螺栓,要点:对角分次			2	1	2	
23	拧紧连杆轴承盖紧固螺栓至30N·m。			2	1	2	
24	在连杆轴承盖紧固螺栓上做好记号			2			
25	拧转连杆轴承盖紧固螺栓90°。			2	1		
26	旋转曲轴,检查安装情况,要点:一周以上。			2	1	2	
27	清洁整理工具,操作不当扣2分			2			
28	整理工作台,操作不当扣2分			2			
29	操作过程中发生零件、工具落地,每发生一次扣0.5分,共10分,扣完为止。			10			
30	零部件摆放没有按照拆装次序,扣5分;零部件摆放凌乱,扣5分。			5			
31	每超时1min扣3分,允许延时5min。			3			
32	由于拆装引起的零件损坏、丢失等,一次扣10分。			10			
33	由于拆装引起的人身伤害,一次扣20分。			20			

任务2
安装机油泵总成、油底壳

一、项目说明

1. 安装机油泵及链条

安装机油泵及链条前要先固定曲轴,然后拆下曲轴正时齿轮,最后清洁机油泵的安装面。把链条装入机油泵链轮和曲轴链轮上,再对正机油泵在缸体上的定位销,按规定的力矩紧固。

2. 安装链条张紧器

在链条安装到位的情况下,安装链条张紧器,注意方向要正确,并按规定力矩紧固。

3. 安装油封

在法兰上有油封,油封是有方向的,安装时装反了,就会造成漏油。安装时油封唇部如没有涂抹机油,与曲轴配合高速旋转时会因为产生摩擦而发出尖叫声;同时产生高温,油封很快被磨损而产生漏油现象。为避免因安装方法不正确而造成油封漏油,在安装油封时应做到以下几点:

(1)安装油封的座孔要清洁,有不平的地方要修整。

(2)油封的方向应安装正确。

(3)新更换的油封应在油封与轴的配合面上涂上机油。

4. 安装曲轴前端法兰

先去除法兰安装面和缸体安装面断面上残留的密封胶残余,然后清洁确保没有油脂。在法兰上打上密封胶,并在5min内安装,按规定的顺序和力矩安装固定螺栓。

5. 安装曲轴前端正时齿轮

在安装曲轴正时齿轮前,先要固定曲轴的位置,然后清洁正时齿轮安装面,按规定的位置将正时齿轮装到曲轴前端,再拧入固定螺栓,按固定的力矩拧紧。

6. 安装油底壳

先清洁油底壳安装面,清除安装面上的密封胶残余,更换密封垫,打上密封胶。再按规定的位置安装油底壳,拧入螺栓,按规定的顺序和力矩拧紧油底壳。

安装油底壳时应注意:把油底壳放到气缸体上时,气缸体上的定位销要和油底壳的定位孔对正,必要时可用橡胶锤轻轻敲击。禁止用金属器具敲击油底壳,防止造成损伤。

安装油底壳螺栓是按照从中间到两端的顺序分三次拧紧,先用手拧上几扣,直到手旋不动为止,然后选用棘轮扳手拧紧,最后用预调式扭力扳手拧紧规定力矩即可。螺栓紧固完毕后,要按照从前往后或从后往前的顺序,把螺栓检查一遍,防止螺栓的紧固遗漏或力矩不均匀。

二、技术标准与要求

1. 机油泵固定螺栓拧紧力矩:9N·m。

2. 机油泵齿轮固定螺栓拧紧力矩:19—25N·m。

3. 链条张紧器固定螺栓拧紧力矩:16N·m。

4. 曲轴前端法兰固定螺栓拧紧力矩:15N·m;安装顺序:由中间到两边。

5. 曲轴正时齿轮固定螺栓拧紧力矩:90N·m+90°;安装位置:对正安装位置。

6. 挡油板固定螺栓拧紧力矩:16N·m。

7. 油底壳固定螺栓拧紧力矩:16N·m;拧紧顺序:由中间到两边对角拧紧。

三、实训时间

15min。

四、实训教学目标

1. 知道油泵总成和油底壳总成的安装顺序和安装工艺。

2. 会安装油泵总成和油底壳总成。

五、实训器材

毛刷	吹尘枪气枪	机油壶
可调扭力扳手	大号短接杆	Φ19mm长套筒

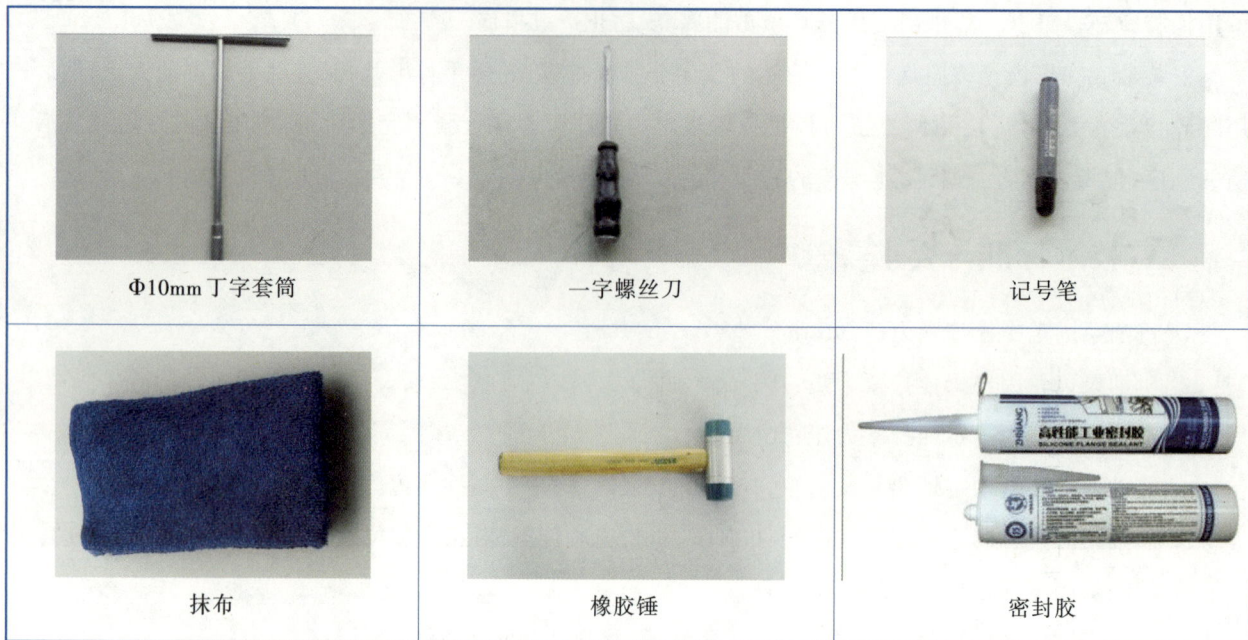

Φ10mm 丁字套筒	一字螺丝刀	记号笔
抹布	橡胶锤	密封胶

六、教学组织

1. 教学组织形式

本课程为"工艺化"实训课,实训教师1名,学生24名,实训室共有6个实训工位,按照4人1个工位编组。

2. 学生的站位分工和要求

学生按规定的工位站立,根据教师的指令同时进行独立操作。

3. 实训教师职责

播放教学视频,并讲解实训项目的操作步骤和相关的注意事项;下达"开始操作"的口令;巡视、检查、指导和纠正学生操作中的错误;课堂总结;组织学生对实训室进行清洁整理。

4. 学生职责

认真观看教学视频;完成教师布置的任务;做好课后的清洁整理工作。

七、核心素养

1. 曲轴正时齿轮由于拧紧力矩较大,拆卸时必须采用指针式扭力扳手。探讨工具使用不当带来的后果,增强学生的操作安全意识。

2. 安装法兰时,各螺栓应对角拧紧,否则会安装不平。通过错误操作演示,培养学生严格要求自我的优秀品质。

3. 油底壳安装时也要对角拧紧螺栓。让学生观察老师的演示动作,以此培养学生的观察能力和学习能力。

4. 安装完零件后应按7S要求清理并摆放好工具,培养学生良好的职业习惯。

八、操作步骤

第一步　拆卸曲轴正时齿轮及螺栓	
1. 固定曲轴。 提示： （1）应使用专用工具，必要时可采用木制手柄代替。 （2）不可使用金属材料夹住曲轴，防止表面缺陷使机体力学性能降低。	
2. 取出工具。 提示： （1）取出棘轮扳手。 （2）取出接杆。 （3）取出套筒。	
3. 预松正时齿轮及螺栓。 提示： （1）正确使用套筒、接杆和扭力扳手。 （2）防止螺栓打滑。	
4. 拆下正时齿轮及螺栓。 提示： （1）正确使用套筒、接杆，防止螺栓打滑。 （2）防止零件掉落。	
5. 安放正时齿轮及螺栓。 提示： 将正时齿轮及螺栓安放到零件车上的合适位置。	

6. 清洁工具。 提示： （1）清洁棘轮扳手。 （2）清洁接杆。 （3）清洁套筒。	
7. 工具归位。 提示： （1）安放棘轮扳手。 （2）安放接杆。 （3）安放套筒。	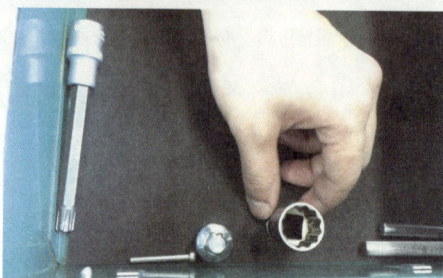
8. 松开曲轴。 提示： 将曲轴固定工具松开。	
9. 清洁工具。 提示： （1）清洁曲轴固定专用工具。 （2）如采用的是木制手柄，则清洁木制手柄。	
10. 工具归位。 提示： （1）安放曲轴固定专用工具。 （2）如采用的是木制手柄，则将木制手柄复位。	
第二步　安装机油泵及链条	
1. 清洁机油泵及链条。 提示： （1）使用抹布清洁机油泵及链条。 （2）注意保持抹布干净。 （3）重点清洁机油泵配合面。	

2. 使用压缩空气吹净机油泵及链条。 提示： （1）气枪不要触碰机油泵和链条表面，以免引起划伤。 （2）确保机油泵及链条无残留脏污。	
3. 润滑机油泵及链条。 提示： （1）使用手指涂机油进行润滑。 （2）注意保持手指干净。 （3）重点润滑机油泵配合面。	
4. 装上机油泵及链条。 提示： （1）确保机油泵安装位置正确，不可装反。 （2）确认链条安装方向及其技术状况。	
5. 取出工具。 提示： 取出 Φ10mm 丁字套筒。	
6. 预紧机油泵紧固螺栓。 提示： （1）应分次对角预紧机油泵。 （2）可先用手进行预紧，等到手上有阻力预紧困难时再采用工具预紧。 （3）如预紧过程中存在卡滞现象应立即停止预紧螺栓，松开螺栓并检查螺栓螺孔上是否有异物，排除卡滞原因后方可重新安装机油泵紧固螺栓。	
7. 拧紧机油泵紧固螺栓。 提示： 确认螺栓力矩是否到位。	

8. 清洁工具。 提示： 清洁丁字套筒。	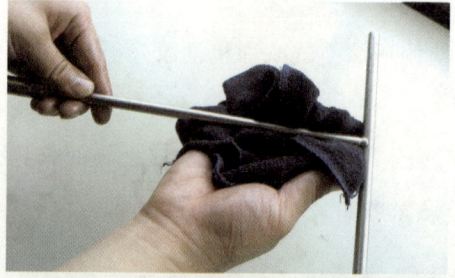
9. 工具归位。 提示： 将丁字套筒安放到工具车上的合适位置。	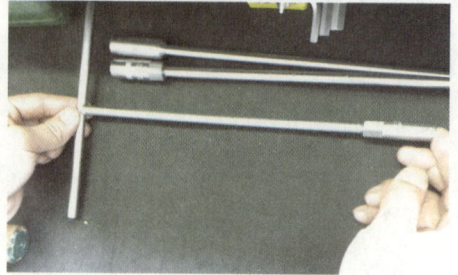

第三步　安装链条张紧器	
1. 清洁机油泵链条张紧器。 提示： （1）使用抹布清洁机油泵链条张紧器。 （2）注意保持抹布干净。	
2. 使用压缩空气吹净机油泵链条张紧器。 提示： （1）气枪不要触碰机油泵链条张紧器，以免引起划伤。 （2）确保机油泵链条张紧器无残留脏污。	
3. 取出工具。 提示： 取出Φ10mm丁字套筒。	
4. 安装机油泵链条张紧器。 提示： （1）确认链条张紧器安装是否到位。 （2）确认链条张紧器方向。	

<table>
<tr><td colspan="2" align="center">第四步　安装曲轴前端法兰</td></tr>
<tr><td>

1. 清洁曲轴前端法兰。

提示：

(1)使用抹布清洁曲轴前端法兰。

(2)注意保持抹布干净。
</td><td></td></tr>
<tr><td>

2. 使用压缩空气吹净曲轴前端法兰。

提示：

(1)气枪不要触碰曲轴前端法兰,以免引起划伤。

(2)确保曲轴前端法兰无残留脏污。
</td><td></td></tr>
<tr><td>

3. 安装曲轴前端法兰。

提示：

(1)确认安装位置。

(2)检查螺孔是否对准。
</td><td></td></tr>
<tr><td>

4. 取出工具。

提示：

取出Φ10mm丁字套筒。
</td><td></td></tr>
<tr><td>

5. 预紧曲轴前端法兰螺栓。

提示：

(1)应由中间到两边进行预紧。

(2)可先用手进行预紧,等到手上有阻力预紧困难时再采用工具预紧。

(3)如预紧过程中存在卡滞现象应立即停止预紧螺栓,松开螺栓并检查螺栓螺孔上是否有异物,排除卡滞原因后方可重新安装法兰盘螺栓。
</td><td></td></tr>
<tr><td>

6. 拧紧曲轴前端法兰螺栓。

提示：

(1)按规定力矩拧紧螺栓。

(2)正确使用工具进行拧紧,防止螺栓打滑。
</td><td></td></tr>
</table>

7. 清洁工具。 提示： 清洁丁字套筒。	
8. 工具归位。 提示： 将丁字套筒安放到工具车上的合适位置。	
9. 取出工具。 提示： (1)取出曲轴固定专用工具。 (2)必要时可采用木制手柄代替。	

第五步　安装曲轴正时齿轮

1. 固定曲轴。 提示： (1)应使用专用工具,必要时可采用木制手柄代替。 (2)不可使用金属材料夹住曲轴,防止表面缺陷使机体力学性能降低。	
2. 安装曲轴前端正时齿轮。 提示： (1)必须对正安装位置。 (2)确认正时齿轮方向是否正确。	
3. 取出工具。 提示： (1)取出预制力扭力扳手。 (2)取出接杆。 (3)取出19号花套筒。	

4. 组装工具。 提示： （1）将预制力扭力扳手、接杆和套筒组装在一起。 （2）调整扭矩，确认扭力扳手为拧紧方向。	
5. 预紧曲轴前端正时齿轮螺栓。 提示： （1）可先用手进行正时齿轮螺栓预紧。 （2）如预紧过程中存在卡滞现象应立即停止预紧螺栓，松开螺栓并检查螺栓螺孔上是否有异物，排除卡滞原因后方可重新安装正时齿轮螺栓。	
6. 拧紧曲轴前端正时齿轮螺栓至90N·m。 提示： （1）按规定力矩拧紧螺栓。 （2）正确使用工具进行拧紧，防止螺栓打滑。 （3）拧紧力矩较大，注意安全。	
7. 临时安放扭力扳手组合工具。 提示： （1）轻拿轻放扭力扳手组合工具。 （2）将扭力扳手组合工具安放在工作台上的橡胶垫上。	
8. 取出记号笔。 提示： 选择黑色记号笔。	
9. 在曲轴前端正时齿轮螺栓上做记号。 提示： （1）使用黑色记号笔做记号。 （2）记号应能快速辨认，不易擦除。	

10. 清洁记号笔。 提示： 使用干净抹布进行清洁。	
11. 安放记号笔。 提示： 记号笔归位。	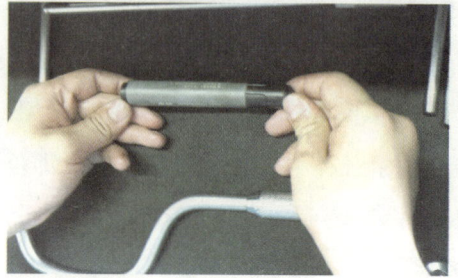
12. 取出扭力扳手组件。 提示： （1）取出扭力扳手。 （2）取出接杆。 （3）取出19号花套筒。	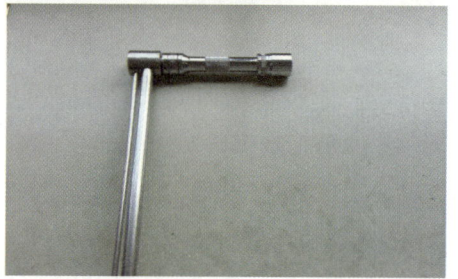
13. 旋转曲轴前端正时齿轮螺栓90°。 提示： （1）使用标记确保转角90°。 （2）拧转完后再次确认。	
14. 清洁工具。 提示： （1）清洁预制力扭力扳手。 （2）清洁接杆。 （3）清洁套筒。	
15. 工具归位。 提示： （1）安放预制手扭力扳手。 （2）安放接杆。 （3）安放套筒。	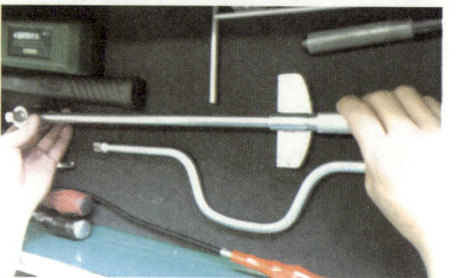

16. 松开曲轴。 提示： 拆下曲轴固定工具。	
17. 清洁工具。 提示： (1)清洁曲轴固定专用工具。 (2)如采用的是木制手柄,则清洁木制手柄。	
18. 工具归位。 提示： (1)安放曲轴固定专用工具。 (2)如采用的是木制手柄,则将木制手柄复位。	

第六步　安装挡油板

1. 安装挡油板。 提示： (1)确认挡油板螺孔是否对准。 (2)确认挡油板安装方向。	
2. 取出工具。 提示： 取出Φ10mm丁字套筒。	
3. 拧紧挡油板紧固螺栓。 提示： (1)按规定力矩拧紧螺栓。 (2)使用正确的工具进行拧紧,防止螺栓打滑。	

4. 清洁工具。 提示： (1)清洁棘轮扳手。 (2)清洁接杆。 (3)清洁套筒。	
5. 工具归位。 提示： (1)安放棘轮扳手。 (2)安放接杆。 (3)安放套筒。	

第七步　安装油底壳

1. 清洁密封垫。 提示： (1)使用抹布清洁密封垫。 (2)注意保持抹布干净。	
2. 使用压缩空气吹净密封垫。 提示： (1)气枪不要触碰密封垫。 (2)确保密封垫表面无残留脏污。	
3. 安装密封垫。 提示： 确认密封垫螺孔是否对齐。	
4. 安装油底壳,带入所有螺栓。 提示： (1)可先对准定位销,确保油底壳安装位置正确。 (2)螺栓不得掉落。	

5. 取出 Φ10mm 丁字套筒。 提示： 确认丁字套筒的号数是否符合要求。	
6. 预紧油底壳螺栓。 提示： (1)正确使用丁字套筒以增加工作效率。 (2)按对角进行预紧。	
7. 拧紧油底壳螺栓。 提示： (1)螺栓由中间到两边对角拧紧。 (2)按规定力矩拧紧,防止螺栓打滑。	
8. 清洁工具。 提示： 清洁丁字套筒。	
9. 工具归位。 提示： 将丁字套筒复位。	
10. 调整发动机翻转架至机体原始状态(直列上置)位置。 提示： 即翻转台架180°。	

11. 清洁工作区。 提示： (1)包括工作台、地面、工量具、设备等。 (2)按7S要求清洁工作区。	
12. 整理工具。 提示： (1)工具应清洁后复位。 (2)工具放回工作车原来位置。	

九、评价标准

任务2　安装机油泵总成、油底壳评分标准

序号	拆装项目：项目四 任务2 操作时间：15min	实际用时：	评分标准			总分
			规范 操作	工具 使用	拆装 要点	
	拆装步骤					得/扣分
1	固定曲轴。		2			
2	拆下正时齿轮及螺栓。		2	1		
3	松开曲轴。		2			
4	装上机油泵及链条。		4			
5	预紧机油泵紧固螺栓。		2	1		
6	拧紧机油泵紧固螺栓。		2	1		
7	安装机油泵链条张紧器。		2	1		
8	安装曲轴前端法兰。		2			
9	预紧曲轴前端法兰螺栓，要点：由中间到两边。		2	1	2	
10	拧紧曲轴前端法兰螺栓。		2	1		
11	固定曲轴。		2			
12	安装曲轴前端正时齿轮，要点：对正安装位置。		1		2	
13	预紧曲轴前端正时齿轮螺栓。		2	1		
14	拧紧曲轴前端正时齿轮螺栓至90N·m。		2	1		
15	在曲轴前端正时齿轮螺栓上做好记号。		2			
16	旋转曲轴前端正时齿轮螺栓90°。		2	1		

续表

序号	拆装项目:项目四 任务2	实际用时:	评分标准			总分
	操作时间:15min		规范操作	工具使用	拆装要点	
	拆装步骤					得/扣分
17	松开曲轴。		1			
18	安装挡油板。		1			
19	拧紧挡油板紧固螺栓。		2	1		
20	安装密封垫。		1			
21	安装油底壳,带入所有螺栓。		2			
22	预紧油底壳螺栓。		3	1		
23	拧紧油底壳螺栓,要点:螺栓由中间到两边对角拧紧。		2	1	2	
24	调整发动机翻转架至机体原始状态(直列上置)位置。		2	1		
25	清洁整理工具,操作不当扣2分。		2			
26	整理工作台,操作不当扣2分。		2			
27	操作过程中发生零件、工具落地,每发生一次扣0.5分,共10分,扣完为止。		10			
28	零部件摆放没有按照拆装次序,扣5分;零部件摆放凌乱,扣5分。		5			
29	每超时1min扣3分,允许延时5min。		3			
30	由于拆装引起的零件损坏、丢失等,一次扣10分。		10			
31	由于拆装引起的人身伤害,一次扣20分。		20			

项目五　配气机构及气缸盖的装配

任务1
安装气门组、气缸垫、气缸盖

一、项目说明

1. 安装气门组

（1）气缸盖和气门组件的清洗和清洁

对气缸盖和气门组件进行清洗和清洁时，一般用柴油或汽油对其进行清洗。清洗时要特别注意油道的清洗，清洗完毕后应用压缩空气对气缸盖和气门组件进行吹净，最后将这些零部件放置在干净的容器中，等待下一步的安装。

（2）安装气门

安装气门之前，要确认自制的识别标记，在零件车上按照拆卸时候的顺序摆放，防止出现安装错乱。如果气门安装错乱，将会破坏气门锥面与气门座的配合状态，引起气缸漏气、气缸压力低、发动机启动困难、难以启动、启动时回火和放炮等故障。

安装气门时，要在气门杆部涂抹适量机油，起润滑气门、导管和油封的作用。

使用气门拆装钳安装气门组件，安全省力。注意弹簧锁片一定要安装到位，锁止可靠。否则，当发动机运转时，气门脱落，会撞坏活塞、燃烧室、气缸壁等，引发严重的机械事故。因此，气门组件安装完毕，要求使用铜棒轻敲气门杆尾部端面，确保弹簧与弹簧座、弹簧座与锁片、锁片与气门杆的卡槽之间全部落座贴合，并锁止可靠。

2. 安装气缸垫

安装气缸垫时，要注意以下几个方面的问题：

（1）气缸垫的定位。一般在气缸垫上有定位孔，呈对角方向布置，其孔略大于其他螺栓孔。在气缸体上有与之相对应的定位销。定位销与定位孔要正确配合。大众AJR发动机的两个定位销在同一侧，安装时要将气缸盖上的定位孔对准定位销的位置，完成后要用双手摇晃检查是否安装到位。

（2）气缸垫的类型。金属–石棉垫，可重复使用；金属骨架石棉垫，只能一次性使用；纯金属垫，仅用于强化发动机。大众AJR发动机的气缸垫属于金属骨架石棉垫，只能一次性使用。

（3）气缸垫的安装方向。有指示标记，如"OPEN""TOP""ON"的一面应朝向气缸盖；无指示标记的，卷边应朝向气缸体或气缸盖硬金属一侧。气缸垫安放到气缸体上之后,要注意观察气缸体的水道、油道、燃烧室边缘是否被气缸垫遮挡,发现遮挡要变换方向进行调整,确保水道、油道畅通,燃烧室边缘与活塞无运动干涉。

(4)气缸垫安放到缸体上之后,注意检查缸垫与缸体的油道、水道孔以及燃烧室边缘是否对齐。

3. 安装气缸盖

安装气缸盖时,气缸盖要端平,便于气缸盖上的定位孔与气缸体上的定位销对正,如两者不能准确装合,要轻轻地前后拉动气缸盖或先插入一条气缸盖螺栓来确定调整方向,便可轻松装合。安装大众 AJR 发动机气缸盖时,取来气缸盖时不要弄错方向,在安装时要轻轻前后拉动来找准定位孔和定位销的位置,在安装完成后用手前后轻轻晃动来检查气缸盖是否安装到位。安装气缸盖螺栓前,在气缸盖螺栓的螺纹和螺栓头处应涂抹适量润滑油。

安装气缸盖螺栓时,需对气缸盖螺栓进行润滑,即在气缸盖螺栓的螺纹和螺栓头处涂抹适量润滑油。气缸盖螺栓的拧紧顺序与拆卸顺序相反,拧紧顺序如图所示,这样操作可以避免气缸盖在装配过程中发生翘曲变形,在安装气缸盖的过程中要严格遵守。

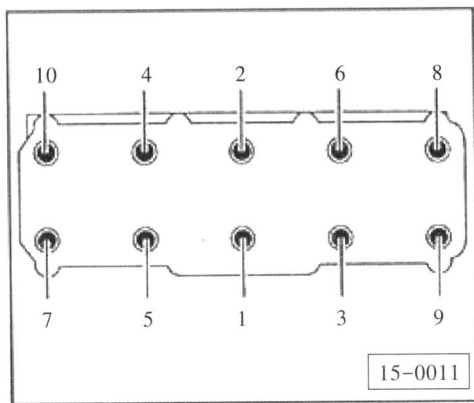

安装气缸盖顺序

二、技术标准与要求

1. 安装气门时,要求确认进、排气门的安装位置。

2. 气门拆装钳工具的正确使用。

3. 气门组件安装完毕后的检查。

4. 发动机大修时必须更换新的气缸垫。

5. 大众 AJR 发动机气缸盖螺栓拧紧标准:$40N \cdot m + 180°$。

三、实训时间

15min。

四、实训教学目标

1. 会清洗气缸盖和气门组。

2. 知道气门组、气缸盖的安装顺序和安装工艺。

3. 会安装气门组、气缸垫和气缸盖。

五、实训器材

可调扭力扳手	大号短接杆	气缸盖螺栓套筒
记号笔	橡胶锤	一字螺丝刀
抹布	气门弹簧压缩器	大号短接杆
扭力扳手	Φ19mm套筒	机油壶
毛刷	吹尘枪气枪	

六、教学组织

1. 教学组织形式

本课程为"工艺化"实训课,实训教师1名,学生32名,实训室共有8个实训工位,按照4人1个工位编组。

2. 学生的站位分工和要求

学生按规定的工位站立,根据教师的指令同时进行独立操作。

3. 实训教师职责

播放教学视频,并讲解实训项目的操作步骤和相关的注意事项;下达"开始操作"口令;巡视、检查、指导和纠正学生操作中的错误;课堂总结;组织学生对实训室进行清洁整理。

4. 学生职责

认真观看教学视频;完成教师布置的任务;做好课后的清洁整理工作。

七、核心素养

1. 气门组的安装有一定的技巧。比较各组优秀学生操作过程,培养学生勇于探究和理性思考的能力。

2. 气缸垫容易装反。通过演示错误操作带来的后果,学生应学会独立思考。

3. 气缸盖螺栓安装时有严格的技术要求,学生不容易理解。讲解不按技术要求操作带来的后果,激发学生树立良好的责任意识。

4. 安装完零件后应按7S要求清理并摆放好工具,培养学生良好的职业习惯。

八、操作步骤

第一步　清洁气门组	
1. 准备柴油清洗器、毛刷、干净的容器盆。 提示: 检查清洗的工具是否齐全。	
2. 用柴油清洗气门组件。 提示: (1)将气门组件(气门弹簧、气门弹簧座、气门、气门弹簧垫片、气门锁片)清洗干净。 (2)若气门组件的工作表面粘有灰尘等杂质,在安装完毕后,容易造成配气机构工作异常。	

3. 用压缩空气清洁气门组件。 提示： (1)用高压空气对气门组件(气门弹簧、气门弹簧座、气门、气门弹簧垫片、气门锁片)吹净。 (2)禁止将压缩空气吹向人体,特别是眼睛。	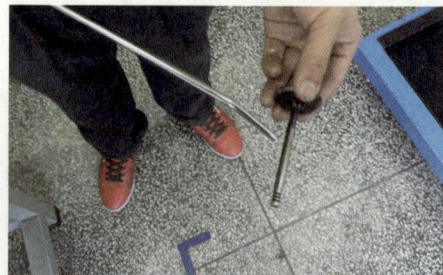
4. 将清洁后的气门组件放置到干净的容器中。 提示： 将清洁后的气门组件有序放置。	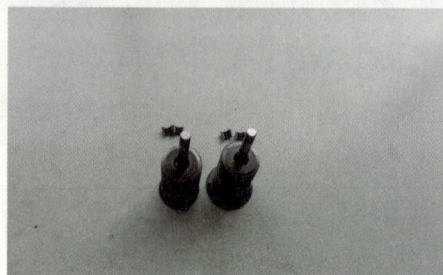

第二步　清洁气缸盖

1. 准备油盆、柴油和毛刷。 提示： 检查清洗的工具是否齐全。	
2. 将气缸盖放入柴油盆后,用毛刷对气缸盖进行清洗。 提示： 清洗时注意将气缸盖上所有通道孔清洗干净。	
3. 将清洗后的气缸盖放置到干净的木块上。 提示： (1)木块要清洁干净。 (2)气缸盖要平稳放置。	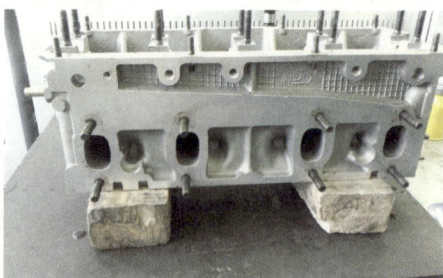
4. 用压缩空气吹净气缸盖。 提示： 对气缸盖进行吹净时,包括进气歧管、排气歧管、气缸盖上平面和底面。特别是各处的通道要用高压气枪进行吹通。	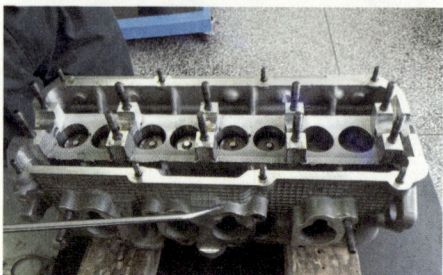

5. 用干净的清洁布清洁气缸盖表面。 提示： 用高压空气吹通后,应及时用干净抹布进行清洁。	
6. 将清洁后的气缸盖放置到木块上。 提示： 将清洁后的气缸盖平稳放置在木块上。	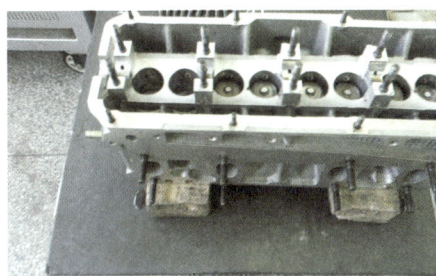

第三步　安装气门组

1. 组装气门拆装专用工具。 提示： 将选择好的气门拆装接头和接杆组装好。	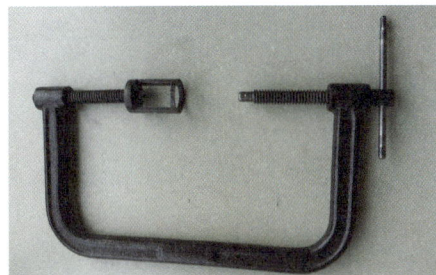
2. 调整气门拆装专用工具。 提示： (1)清洁工具。 (2)根据气缸盖的高度和拆装气门的需要,调整压缩器的高度。注意此时要考虑压缩气门弹簧时的余量。	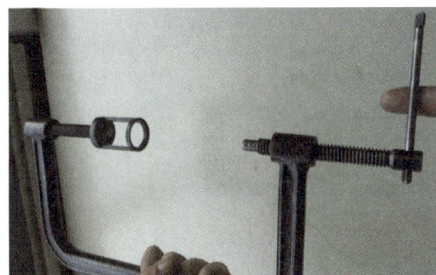
3. 润滑气门杆。 提示： 在进、排气门安装前,在气门杆部涂上适量机油,并用手将机油均匀地涂抹在气门杆四周。注意:进、排气门不要装错。	
4. 安装第一只气门。 提示： 在安装气门时动作要慢,并且旋转装入。	

5. 安装第一只气门弹簧。 提示： 清洁后用手安装气门弹簧，并用手下压检查是否安装到位。	
6. 安装第一只气门弹簧座。 提示： 清洁后用手安装气门弹簧座，检查是否安装到位。	
7. 调整气门拆装专用工具。 提示： 将气门拆装专用工具的位置调整到位。	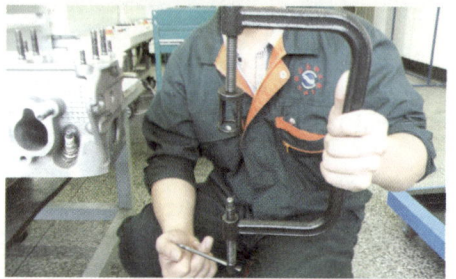
8. 用气门拆装专用工具压缩气门弹簧。 提示： 压紧时要对准部位，用力要适当，直到气门杆部的凹槽口出现。	
9. 润滑气门锁片。 提示： 在气门锁片上涂1—2滴机油，以便安装。	
10. 取出工具。 提示： 取出一字起。	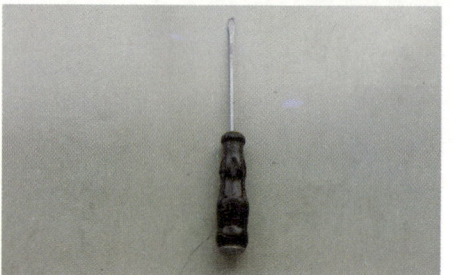

11. 安装气门锁片。 利用带磁性的一字起安装气门锁片,两片气门锁片的位置刚好在气门杆尾部的凹槽口时,将气门拆装钳放松,气门组安装完毕。如果没有安装到位,应重新安装,直至安装正确为止。 提示: (1)此操作为关键步骤,操作时要小心,气门锁片较小,掉落后很难找到。 (2)位置安装不到位时,会造成锁片碎裂。	
12. 放松气门拆装专用工具。 提示: 将气门拆装专用工具进行放松并取下。	
13. 安装第二只气门。 提示: 在安装气门时动作要慢,并且旋转装入。	
14. 安装第二只气门弹簧。 提示: 清洁后用手安装气门弹簧,并用手下压检查是否安装到位。	
15. 安装第二只气门弹簧座。 提示: 清洁后用手安装气门弹簧座,检查是否安装到位。	

16. 调整气门拆装专用工具。 提示： 将气门拆装专用工具的位置调整到位。	
17. 用气门拆装专用工具压缩气门弹簧。 提示： 压紧时要对准部位，用力要适当，直到气门杆部的凹槽口出现。	
18. 润滑气门锁片。 提示： 在气门锁片上涂1—2滴机油，以便安装。	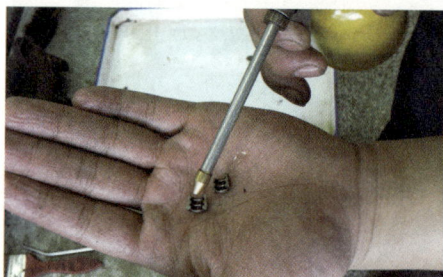
19. 安装气门锁片。 利用带磁性的一字起安装气门锁片，两片气门锁片的位置刚好在气门杆尾部的凹槽口时，将气门拆装钳放松，气门组安装完毕。如果没有安装到位，应重新安装，直至安装正确为止。 提示： （1）此操作为关键步骤，操作时要小心，气门锁片较小，掉落后很难找到。 （2）位置安装不到位时，会造成锁片碎裂。	
20. 放松气门拆装专用工具。 提示： 将气门拆装专用工具进行放松并取下。	

21. 还原气门拆装专用工具。 提示： 将气门拆装专用工具清洁,归位。	
22. 清洁,整理工具。 提示： 工具要清洁干净,整齐地摆放在工具车上。	

第四步　使1缸活塞处于上止点位置

1. 确认1缸活塞处于上止点时的位置。 提示： 在安装发动机时,往往需要将第1缸处于上止点位置,这是为了确保曲轴的配气正时正确。	
2. 选用扭力扳手、大号短接杆、Φ19mm十二边梅花套筒。 提示： (1)选择正确规格的工具并组装,防止掉落。 (2)利用该工具对曲轴进行顺时针转动,以调整1缸活塞所处位置。	
3. 旋转曲轴,调整1缸活塞处于上止点位置。 提示： (1)利用工具,通过顺时针转动曲轴正时齿轮固定螺栓,调整1缸活塞所处位置。 (2)在调整过程中,当转过头时,不能逆时针旋转调整。	

第五步　安装气缸垫

1. 清洁气缸体上平面,检查气缸体各油道、水道及螺栓孔是否清洁,有无脏物。 提示： 在使用清洁布清洁时,注意不要将脏物弄到缸体内,这样容易造成发动机的损伤。	

2. 检查气缸体上两个定位销的位置。 提示： 用手转动定位销检查是否安装到位。如有损坏，应及时更换。	
3. 更换并且安装气缸垫，注意有字样一面朝上，不要装反。 提示： （1）大修时一般需要更换新的气缸垫。 （2）安装之前清洁气缸垫。	
4. 检查各油道孔和水道孔是否对准，位置是否安装正确。 提示： （1）气缸体上的定位销位置必须对准。 （2）检查各通道孔是否对齐。	

第六步　安装气缸盖

1. 安装气缸盖。 提示： （1）拿气缸盖时，注意手不能放到气缸盖下平面，并且要面朝气缸盖。 （2）注意气缸盖安装时的位置摆放。	
2. 用双手将气缸盖平稳地放置到气缸体上面，安装时定位销的位置必须对准。 提示： （1）将气缸盖对准气缸体的位置。 （2）气缸盖安装方向不能搞错。	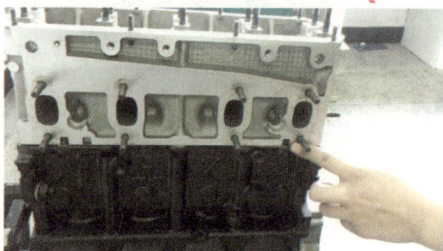

3. 安装时先定位左边定位销的位置,再定位右边定位销的位置,直到气缸盖跟气缸体完整结合。

提示:

(1)在对准定位销时注意不要滑动,以免定位销损伤气缸盖底面。

(2)用眼睛检查气缸盖左侧与气缸体的定位销是否对准,进而将其安装到位。

(3)用眼睛检查气缸盖右侧与气缸体的定位销是否对准,进而将其安装到位。

4. 检查螺栓技术状况。

提示:

(1)测量螺栓的长度,符合标准进行安装。

(2)用机油枪对气缸盖螺栓的螺纹和螺栓头进行润滑。

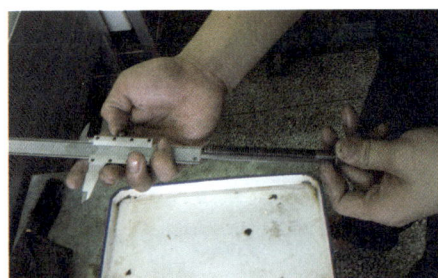

5. 润滑气缸盖螺栓。

提示:

用双手将气缸盖螺栓上的润滑油均匀涂抹到螺栓螺纹处。

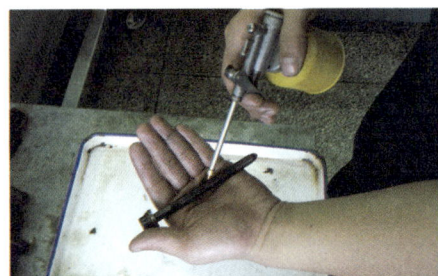

6. 安装气缸盖螺栓。

注意:在气缸盖螺栓的螺纹和螺栓头下部结合平面涂一薄层机油,在添加完机油后必须用手将其均匀地涂抹。

提示:

一般发动机大修时,气缸盖垫圈和螺栓要换新品。

7. 查阅技术手册。

提示:

根据气缸盖螺栓的安装顺序图示,气缸盖螺栓的规定力矩为40N·m+180°。

8. 取出工具。 提示： （1）取出10号花六角套筒。 （2）取出预制力扭力扳手。 （3）取出大号短接杆。	
9. 选用Φ10mm花六角套筒、短接杆、预调式扭力扳手，利用工具将气缸盖螺栓第一次拧紧到20N·m。 提示： （1）检查第一次拧紧到20N·m是否到位。 （2）注意分几次拧紧能够防止气缸盖发生变形。	
10. 利用工具将气缸盖螺栓第二次拧紧到40N·m。 提示： 调整扭矩到40N·m，拧紧完后检查扭矩是否到位。	
11. 选用红色记号笔在气缸盖螺栓上添上油漆标记。 提示： 检查是否有红色油漆。	
12. 检查气缸盖螺栓的油漆标记。 提示： 检查气缸盖螺栓标记是否清晰。	
13. 选用Φ10mm套筒、短接杆、指针式扭力扳手，第一次按照规定顺序将所有气缸盖螺栓顺时针转动90°。 提示： 拧紧完毕后应检查油漆标记。	

14. 检查油漆标记是否转过90°。 提示: 如果检查油漆标记没到位,再用扭力扳手拧紧到规定位置。	
15. 第二次按照规定顺序将所有气缸盖螺栓顺时针再转动90°。 提示: 拧紧完毕后应检查油漆标记。	
16. 检查油漆标记是否到位。 提示: 如果检查油漆标记没到位,再用扭力扳手拧紧到规定位置。	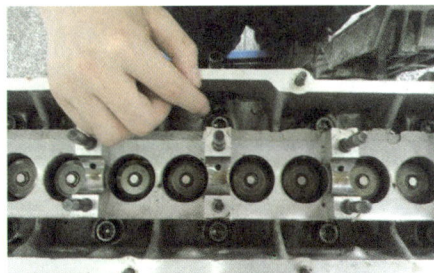
17. 用清洁抹布清洁油漆标记。 提示: 用清洁抹布将所有的油漆标记擦干净。	
18. 清洁、整理工具。 提示: 工具要清洁干净,整齐摆放在工具车上。	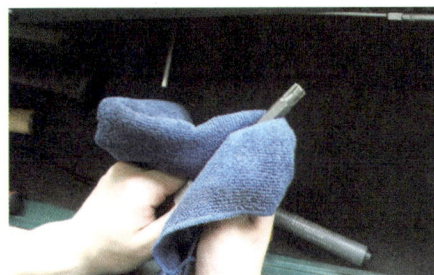

九、评价标准

任务1 安装气门组、气缸盖、气缸垫评分标准

序号	拆装项目:项目五 任务1 操作时间:15min 拆装步骤	实际用时:	规范操作	工具使用	拆装要点	总分 得/扣分
1	清洁气门。		1			
2	清洁气门座。		1			
3	清洁气缸盖表面。		1			
4	组合气门拆装专用工具。		1			
5	安装第1只气门。		1			
6	安装第1只气门弹簧。		1			
7	安装第1只气门弹簧座。		1			
8	用气门拆装专用工具压缩气门弹簧。		2	1		
9	安装气门锁片。		2	1		
10	放松气门弹簧。		1			
11	确认两块锁片已安装到位。		1	1		
12	安装第2只气门。		1			
13	安装第2只气门弹簧。		1			
14	安装第2只气门弹簧座。		1			
15	用气门拆装专用工具压缩气门弹簧。		2	1		
16	安装气门锁片。		2	1		
17	放松气门弹簧。		1			
18	确认两块锁片已安装到位。		1	1		
19	还原气门拆装专用工具。		1			
20	使第1缸活塞处于上止点位置。		2			
21	确认气缸垫正反面。		1			
22	安装气缸垫。		1			
23	安放气缸盖,要点:不应该发生冲击现象。		2		2	
24	放入气缸盖螺栓,要点:螺栓不得互换。		2		2	
25	预紧气缸盖螺栓。		2	1		
26	拧紧气缸盖螺栓至40N.m。 要点:顺序为:⑦⑤①③⑨⑩④②⑥⑧。		2	1	2	

序号	拆装项目:项目五 任务1	实际用时:	评分标准			总分
	操作时间:15min		规范操作	工具使用	拆装要点	
	拆装步骤					得/扣分
27	在缸盖螺栓上做记号。		1			
28	拧转缸盖螺栓180°。		2	1		
29	清洁整理工具操作不当扣2分。			2		
30	整理工作台操作不当扣2分。			2		
31	操作过程中发生零件、工具落地,每发生一次扣0.5分,共10分,扣完为止。			10		
32	零部件摆放没有按照拆装次序,扣5分;零部件摆放凌乱,扣5分。			5		
33	每超时1min扣3分,允许延时5min。			3		
34	由于拆装引起的零件损坏、丢失等,一次扣10分。			10		
35	由于拆装引起的人身伤害,一次扣20分。			20		

任务2

安装液压挺杆、凸轮轴、气门室罩总成

一、项目说明

1. 安装液压挺杆

安装前先清洁每个液压挺杆和液压挺杆导管,然后将液压挺杆成组放入油盆中浸泡4小时以上,使机油渗入挺杆内部,直到在机油中用手指反复试压中心柱塞,有固体的感觉。

安装时要按原来标记的位置,不得错乱,因为各个挺杆与其座孔间的磨损程度不同,变换装配位置后,可能会造成个别液压挺杆工作状况变差,引起发动机运转时气门噪声。同时,尽量不要转动凸轮轴,如确实无法避免也要尽可能减至最低程度;凸轮轴的连续转动比凸轮轴时转时停造成的不良影响要小。

2. 安装凸轮轴及轴承盖

安装凸轮轴时,先清洁凸轮轴、轴承盖,然后润滑。再将凸轮轴安装到气缸盖上,保证第一缸的凸轮必须朝上。最后安装轴承盖,注意1,2,3,4,5号轴承盖的顺序和方向,"→"指向正时皮带,并要保证孔的上下部分对准。先交替对角拧紧2,3号轴承盖,拧紧力矩20N·m,再安装5,1,3轴承盖,拧紧力矩20N·m。

3. 安装气门室罩总成

先清洁气门室罩总成各零件,并检查有无损坏和变形。接下来安装反射罩、密封垫、气门室罩、压条、半圆罩、1号发动机盖板支架、2号发动机盖板支架、气门室罩盖、8个螺母。并注意以下问题:

(1)把气门室罩放置到气缸盖上之后,要用手按压气门室罩四周表面,使之与气缸盖贴合防止漏油。

(2)气门室罩螺栓的拧紧要按规定要求操作。要对称拧紧,使气门室罩整体压紧在气缸盖上;再按照从中间到两端的顺序分多次拧紧,螺栓力矩均匀,防止气门室罩变形。

二、技术标准与要求

1. 液压挺杆

安装液压挺杆时要排尽其内部的空气,并注意数字记号和安装位置。

2. 凸轮轴及轴承盖

先清洗并清洁凸轮轴及其轴承盖;凸轮轴轴承盖上"←"的箭头方向必须朝向皮带轮这一侧;凸轮轴轴

承盖螺栓拧紧标准:规定拧紧力矩20N·m;凸轮轴安装时注意正时记号。

3. 安装气门室罩总成

气门室罩盖螺栓拧紧力矩12N·m;顺序,由内向外对角线方向拧紧。

三、实训时间

20min。

四、实训教学目标

1. 了解液压挺杆、凸轮轴、气门室罩总成的安装顺序和安装工艺。

2. 会安装液压挺杆、凸轮轴、气门室罩总成。

五、实训器材

 可调扭力扳手	 大号短接杆	 机油壶
 记号笔	 Φ19mm套筒	 扭力扳手
 抹布	 毛刷	 吹尘枪气枪
 Φ13mm长套筒	 中号长接杆	 中号棘轮扳手

 转换接头		

六、教学组织

1. 教学组织形式

本课程为"工艺化"实训课,实训教师1名,学生32名,实训室共有8个实训工位,按照4人1个工位编组。

2. 学生的站位分工和要求

学生按规定的工位站立,根据教师的指令同时进行独立操作。

3. 实训教师职责

播放教学视频,并讲解实训项目的操作步骤和相关的注意事项;下达"开始操作"口令;巡视、检查、指导和纠正学生操作中的错误;课堂总结;组织学生对实训室进行清洁整理。

4. 学生职责

认真观看教学视频;完成教师布置的任务;做好课后的清洁整理工作。

七、核心素养

1. 液压挺杆安装时要注意顺序,并要注意对准油孔,让学生观察其内部结构,培养学生的自主能力。

2. 凸轮轴轴承盖较为容易因操作不当而损坏。操作前展示损坏的轴承盖,让学生自主学习操作要点,并按技术要求进行操作。

3. 配合零件安装前要进行润滑处理,否则较为容易出现卡滞,让学生建立起良好的责任意识。

4. 安装完零件后应按7S要求清理并摆放好工具,培养学生良好的职业习惯。

八、操作步骤

第一步　安装液压挺杆	
1. 准备柴油清洗器、毛刷、干净的容器盆。 提示: 检查清洗工具是否齐全。	

2. 用柴油清洗液压挺杆。 提示： 若液压挺杆表面粘有灰尘等杂质,容易造成液压挺杆安装困难。	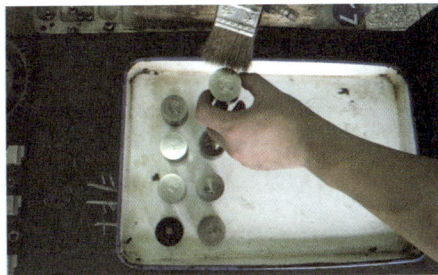
3. 用压缩空气吹净液压挺杆。 提示： 禁止将压缩空气吹向人体,特别是眼睛。	
4. 将清洁后的液压挺杆放置到干净的容器中。 提示： 将清洁后的液压挺杆有序放置。	
5. 选用机油枪,在液压挺杆顶部滴上2—3滴机油。 提示： 将机油均匀地涂抹在液压挺杆上面。	
6. 取来液压挺杆,用手将机油均匀地涂抹到液压挺杆表面。 提示： (1)双手必须清洗干净。 (2)将机油均匀涂抹。	
7. 根据拆卸时做的记号,根据顺序用手将液压挺杆安装到位。 提示： 液压挺杆应按顺序安装,不得混淆。	

第二步　清洁凸轮轴及其轴承盖	
1. 准备柴油清洗器、毛刷、干净的容器。 提示： 检查清洗工具是否齐全。	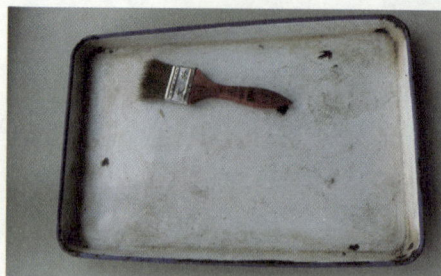
2. 用柴油清洗凸轮轴轴承盖及其螺栓。 提示： 若凸轮轴轴承盖工作表面粘有灰尘等杂质，在安装完凸轮轴后，会损伤凸轮轴轴颈。	
3. 用压缩空气吹净轴承盖及其螺栓。 提示： 禁止将压缩空气吹向人体，特别是眼睛。	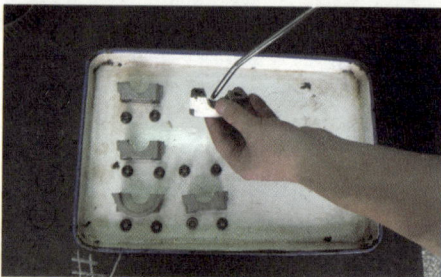
4. 将清洁后的轴承盖及其螺栓放置到干净的容器中。 提示： 将吹净后的轴承盖有序放置。	
5. 准备凸轮轴。 提示： 检查清洗工具是否齐全。	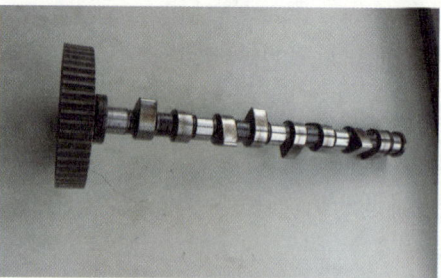
6. 用柴油清洗凸轮轴。 提示： 若凸轮轴的轴颈上粘有灰尘等杂质，在安装完凸轮轴后，会划伤凸轮轴轴颈。	

7. 用压缩空气对凸轮轴进行清洁。 提示： (1)用压缩空气吹净时注意防止油液飞溅。 (2)禁止将压缩空气吹向人体,特别是眼睛。	
8. 将清洁后的凸轮轴放置到干净的容器中。 提示： 将吹净后的凸轮轴有序放置。	

第三步 安装凸轮轴

1. 清洁气缸盖的凸轮轴轴承座。 提示： 用干净的清洁抹布清洁到位。	
2. 用机油枪在气缸盖的凸轮轴轴承座上涂上一层机油。 提示： (1)注意机油枪枪头不要碰到气缸盖上。 (2)加注润滑油后,用手将其均匀抹开。	
3. 用双手将凸轮轴平稳地放置在凸轮轴轴座上。 提示： 安装时的位置要对准,方向不要搞错,要注意安装记号。	
4. 转动凸轮轴使其处于第一缸压缩上止点位置(上八字)。 提示： 放置完毕时,第1缸活塞所对应的进、排气凸轮,凸起部分朝上,即凸轮轴正时齿轮外缘缺口处于向上的位置。	

5. 润滑轴承盖。 提示： (1)在各轴承盖内侧涂抹一层机油。 (2)注意机油不要滴到地上。	
6. 安装轴承盖。 提示： (1)安装轴承盖前应检查位置记号和方向记号,即轴承盖上"←"的箭头方向必须朝向皮带轮这一侧。 (2)在轴承盖螺栓上加注机油,并用手均匀涂抹。	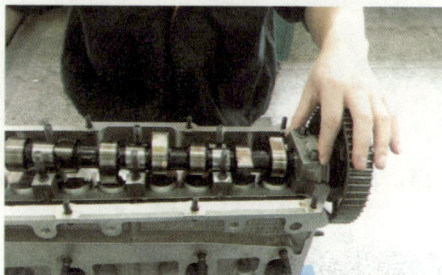
7. 检查轴承盖安装位置。 提示： 安装完轴承盖后,检查轴承盖安装标记是否正确。"←"的箭头方向必须朝向皮带轮这一侧。	
8. 润滑轴承盖螺栓和螺母。头下部涂一层薄机油。 提示： (1)在轴承盖螺栓的螺纹上和轴承盖螺母的螺纹处均匀地涂一层薄机油。 (2)注意机油不要滴到地上。	
9. 取出工具。 提示： (1)取出Φ13mm套筒。 (2)取出中号短接杆。 (3)取出中号棘轮扳手。	
10. 预紧第2,4道轴承盖螺母。 提示： 按照对角的顺序分2—3次将2,4道轴承盖螺栓进行均匀拧紧,主要是保证安装凸轮轴时不发生变形。	

11. 取出工具。	
提示：	
（1）取出预制力扭力扳手。	
（2）取出大号短接杆。	
（3）取出Φ13mm套筒。	
（4）取出转换接头。	

12. 利用工具按照对角线的顺序将第2,4道轴承盖螺栓进行均匀拧紧,紧固扭矩为20N·m。	
提示：	
拧紧过程中第2,4道轴承盖要均匀受力,不发生变形。	

13. 取出工具。	
提示：	
（1）取出Φ13mm套筒。	
（2）取出中号短接杆。	
（3）取出中号棘轮扳手。	

14. 利用工具预紧第1,3,5道轴承盖螺母。	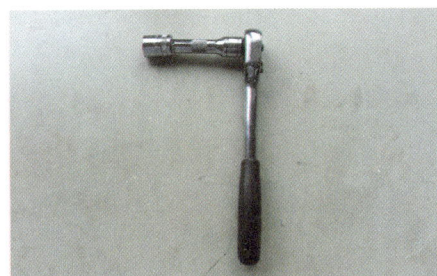
提示：	
按照逐道分次拧紧的顺序分2—3次将第1,3,5道轴承盖螺栓进行均匀拧紧,主要是保证安装凸轮轴时不发生变形。	

15. 取出工具。	
提示：	
（1）取出预制力扭力扳手。	
（2）取出大号短接杆。	
（3）取出Φ13mm套筒。	
（4）取出转换接头。	

16. 选用Φ13mm套筒、大号短接杆、预调式扭力扳手、转换接头,利用工具按照逐道分次拧紧的顺序将第1,3,5道轴承盖螺栓进行均匀拧紧,紧固扭矩为20N·m。	
提示：	
拧紧过程中第1,3,5道轴承盖要均匀受力,不发生变形。	

17. 清洁,整理工具。 提示: 工具要清洁干净,整齐地摆放在工具车上。	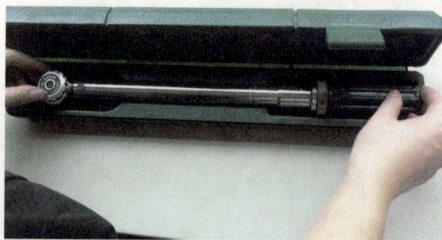

第四步　安装机气门室罩盖

1. 从零件车上取来机油反射罩。 提示: 从零件车上取来机油反射罩,辨认反射罩方向。	
2. 安装机油反射罩。 提示: 根据要求安装机油反射罩,要安装到位。	
3. 清洁气缸盖上平面。 提示: 认真清洁气缸盖上平面,刮除密封胶。保持平面清洁和平整,以免影响气门室罩的密封性。必要时在转折处和螺栓根部打上新的密封胶。	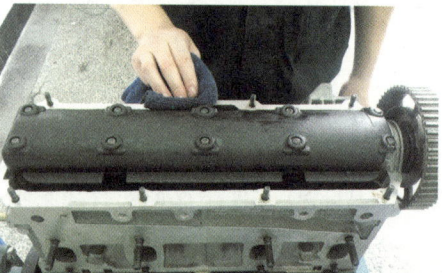
4. 从零件车上取来密封垫。 提示: (1)从零件车上取来密封垫,区分安装位置。 (2)在实际维修当中,密封垫均为一次性的,即每次都要更换新件。	
5. 安装密封垫。 提示: 密封垫起到保证气门室罩密封性的作用,防止漏油或漏气,所以安装必须平整到位。	

6. 从零件车上取来气门室罩盖。 提示： (1)从零件车上取来气门室罩盖,清洁气门室罩盖。 (2)检查气门室罩盖有无变形或破损。	
7. 安装气门室罩盖。 提示： (1)检查安装是否到位。 (2)不要反装。	
8. 从零件车上取来压条。 提示： (1)从零件车上取来压条,检查有无变形和损坏。 (2)区分两根压条的安装位置,避免装错位置或者装反。	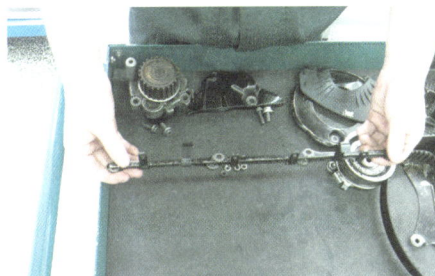
9. 安装压条。 提示： (1)将两根压条按照正确位置,分别装入气门室罩盖两侧。 (2)压条上的4个螺栓孔要与气门室罩盖上的4个螺栓对齐。	
10. 取来半圆罩。 提示： 从零件车上取来半圆罩,检查半圆罩有无损坏和变形,确认半圆罩的正时标记。	
11. 安装半圆罩。 提示： 将半圆罩安装到气门室罩上,确保半圆罩有正时标记的一面向前,使半圆罩下端左右两个孔与气门室罩上的两个螺栓对齐。	

12. 从零件车上取来1号发动机盖板支架。 提示： 1号发动机盖板支架指的是靠近正时齿轮侧的发动机盖板支架，它与半圆罩一样，通过气门室罩上的螺栓固定。	
13. 安装1号发动机盖板支架。 提示： 按正确位置安装发动机盖板支架，确保安装位置正确。	
14. 从零件车上取来2号发动机盖板支架。 提示： 2号发动机盖板支架指的是靠近正时齿轮侧的发动机盖板支架，它与半圆罩一样，通过气门室罩上的螺栓固定。	
15. 安装2号发动机盖板支架。 提示： 按正确位置安装发动机盖板支架，确保安装位置正确。	
16. 取来气门室罩盖螺母。 提示： 从零件车上取来8个气门室罩盖螺母，并清洁。	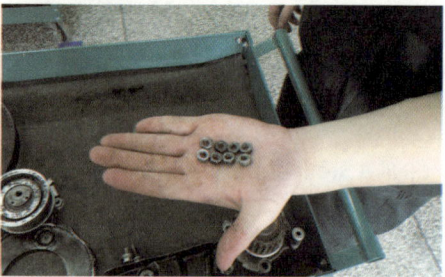
17. 查阅《大众AJR发动机维修手册》，了解气门室罩盖螺母拧紧顺序。 提示： 紧固气门室罩盖螺母应按由中间到两边对角线的顺序紧固。	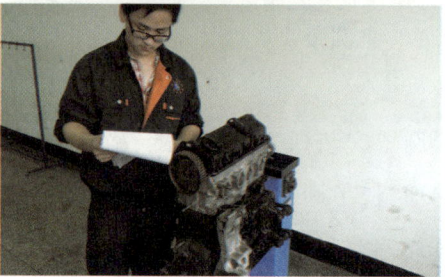

18. 安装气门室罩盖螺母。 提示： (1)安装螺母之前检查是否损坏，如果有损坏应及时更换。 (2)用手将螺母拧紧到规定的位置。	
19. 选用Φ10mm丁字套筒，利用工具拧紧气门室罩盖螺栓。 提示： 利用工具将气门室罩紧固螺母按照顺序分2—3次对称预紧。	
20. 选用Φ10mm套筒、短接杆、预调式扭力扳手，利用工具拧紧气门室罩紧固螺母，拧紧到规定力矩12N·m。 提示： 在拧紧到规定力矩之后，用工具检查是否拧紧到规定力矩。	

九、评价标准

任务2 安装液压挺杆、凸轮轴、气门室罩总成评分标准

序号	拆装项目:项目五 任务2	实际用时：	评分标准			总分
	操作时间:15min		规范 操作	工具 使用	拆装 要点	
	拆装步骤					得/扣分
1	清洁液压挺杆。		1			
2	安装液压挺杆。 要点:液压挺杆应按顺序安装,不得混淆。		2	1	1	
3	安装凸轮轴。 要点:安装前应使凸轮轴处于第1缸压缩上止点位置(上八字)。		1		2	
4	放上凸轮轴轴承盖,并带上螺母。 要点:安装轴承盖前应检查位置记号和方向记号。		2		2	
5	预紧第2,4道轴承盖紧固螺母。 要点:应对角、分次加紧。		2	1	2	
6	拧紧第2,4道轴承盖紧固螺母。 要点:应对角拧紧。		2	1	2	
7	预紧第3,5,1道轴承盖紧固螺母。 要点:逐道分次拧紧。		2	1	2	

序号	拆装项目:项目五 任务2	实际用时:	评分标准			总分
	操作时间:15min		规范操作	工具使用	拆装要点	
	拆装步骤					得/扣分
8	拧紧第3,5,1道轴承盖紧固螺母。		2	1		
9	安装机油反射罩。		1			
10	安装密封垫。		1			
11	安装气门室罩盖。		1			
12	安装压条。		1			
13	安装半圆罩。		1			
14	安装发动机盖板支架。		1			
15	带上气门室罩盖螺母。		1			
16	预紧气门室罩盖螺母。		2	1		
17	拧紧气门室罩盖螺母。要点:紧固螺母应按由中间到两边,对角线紧固。		2	1	2	
18	清洁整理工具,操作不当扣2分。		2			
19	整理工作台,操作不当扣2分。		2			
20	操作过程中发生零件、工具落地,每发生一次扣0.5分,共10分,扣完为止。		10			
21	零部件摆放没有按照拆装次序,扣5分;零部件摆放凌乱,扣5分。		5			
22	每超时1min扣3分,允许延时5min。		3			
23	由于拆装引起的零件损坏、丢失等,一次扣10分。		10			
24	由于拆装引起的人身伤害,一次扣20分。		20			

项目五　配气机构及气缸盖的装配

任务 3

安装水泵、正时皮带及张紧器、曲轴皮带轮、正时皮带防护罩

一、项目说明

1. 安装水泵

安装水泵前,要清洁水泵和气缸体上的安装面,清除水垢,然后检查有无锈蚀或裂纹。如有,应及时维修或更换。"O"形密封圈要更换新件,然后安装到位,再来安装水泵。

2. 安装正时皮带防护罩

正时皮带防护罩分为上、中、下、后防护罩和半圆罩5部分,安装位置和安装顺序都不一样,应按要求安装。

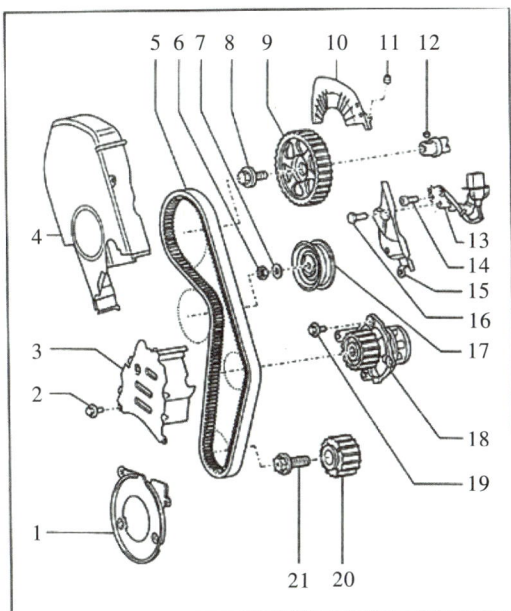

1　正时齿带下防护罩
2　中间防护罩螺栓(拧紧力矩10N·m)
3　正时齿带中间防护罩
4　正时齿带上防护罩
5　正时齿带
6　张紧轮固定螺栓(拧紧力矩15N·m)
7　波纹垫圈
8　凸轮轴正时齿带轮固定螺栓(拧紧力矩100N·m)
9　凸轮轴正时齿带轮
10　正时齿带上防护罩
11　防护固定螺栓(拧紧力矩10N·m)
12　半圆键
13　霍尔传感器
14　螺栓(拧紧力矩10N·m)
15　正时齿带后防护罩
16　螺栓(拧紧力矩20N·m)
17　半自动张紧轮
18　水泵
19　螺栓(拧紧力矩15N·m)
20　曲轴正时齿带轮
21　曲轴正时齿带轮螺栓(拧紧力矩90N·m+l/4圈)

3. 安装正时皮带张紧器

在安装正时皮带张紧器总成之前,先检查一下正时张紧轮是否完好,如果有损坏应该维修或更换。在安装正时张紧轮时,先要对准定位块的位置,定位块必须嵌入气缸盖上的缺口内;接下来要安装固定螺栓,注意螺栓一定要跟螺纹孔配合正确。

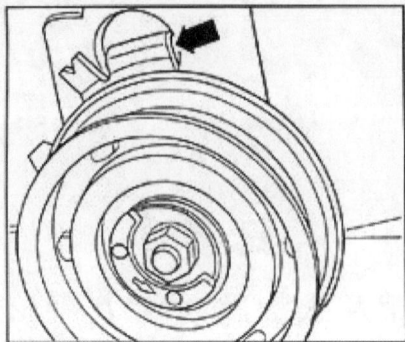

4. 安装曲轴皮带盘

在安装曲轴皮带盘之前,先检查曲轴皮带盘是否有损坏,如果有损坏应该及时更换。在安装曲轴皮带盘时,要注意曲轴皮带盘上花圆孔是否对准曲轴正时齿轮上的凸点。在安装上曲轴皮带轮后,用皮带轮紧固螺栓进行拧紧,最后用预调式扭力扳手对紧固螺栓进行拧紧。

5. 对正时记号

对正时是发动机安装时一个比较重要的项目,也是为接下来安装正时皮带做准备。大众 AJR 发动机检查正时记号主要有两处:凸轮正时齿轮正时记号和曲轴皮带盘正时记号。如下左图所示是在曲轴皮带轮上的正时标记,带轮凸缘上的凹槽与后正时罩上的记号对齐。下右图所示是在凸轮轴正时齿轮上的正时记号,凸轮轴正时齿轮凸缘上的凹槽与半圆罩上的"OT"标记对齐。对正时记号是发动机能正常工作的一个重要技术标准。

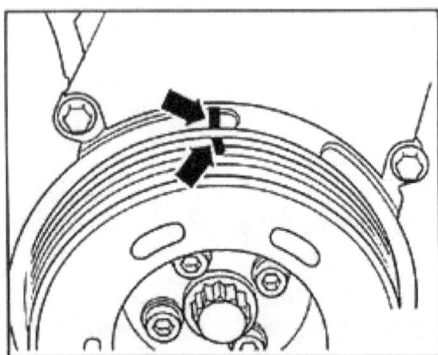

曲轴皮带轮正时标记

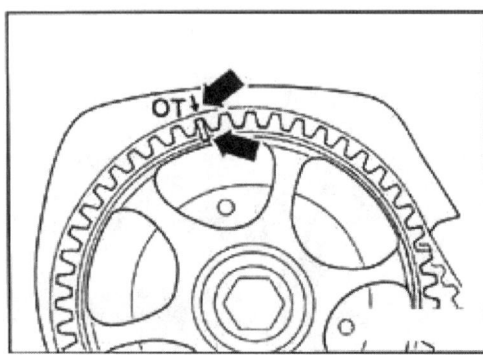

凸轮轴正时齿轮正时标记

6. 安装正时皮带

安装正时皮带。在安装正时皮带时,先检查拆卸时的记号标记,这样有助于正时皮带的安装。其中最为重要的是要检查凸轮轴和曲轴上的正时标记是否对准。在检查完对准后才可以安装正时皮带。首先,将正时皮带装入曲轴正时齿轮内,检查位置是否正确。其次,将正时皮带装入张紧轮内,并检查位置是否正确。然后,将正时皮带装入凸轮轴正时齿轮,此时要保证正时皮带的松边绷紧,将皮带尽可能按顺时针方向拉紧。最后,将正时皮带装入水泵带轮。此时,正时皮带并未张紧,接下来使用卡簧钳装入张紧器两调整孔,逆时针转动张紧器,使正时皮带张紧。当张紧器上的位置1和位置2对齐后,用梅花扳手将张紧器固定。最后,检查正时皮带是否安装正确,转动曲轴两圈,凸轮轴刚好转过一圈,再观察正时标记是否对准,如果对准说明正时皮带安装到位;如果没有对准,应重新安装。

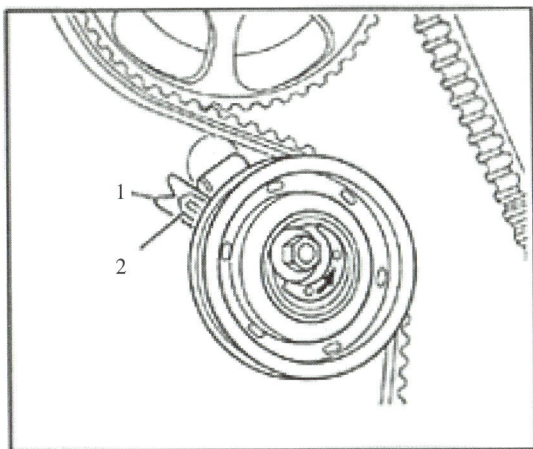

二、技术标准与要求

1. 水泵固定螺栓拧紧力矩:15N·m。

2. 正时皮带中间防护罩固定螺栓拧紧力矩:10N·m。正时皮带后防护罩固定螺栓拧紧力矩:20N·m。正时皮带下防护罩固定螺栓拧紧力矩:10N·m。

3. 曲轴皮带盘固定螺栓拧紧力矩:15N·m;拧紧顺序:对角线拧紧。

4. 张紧器固定螺栓拧紧力矩:15N·m。

三、实训时间

20min。

四、实训教学目标

1. 知道水泵、防护罩、张紧器、正时皮带、曲轴皮带盘的安装顺序和工艺。

2. 会安装水泵、防护罩、张紧器、正时皮带、曲轴皮带盘。

五、实训器材

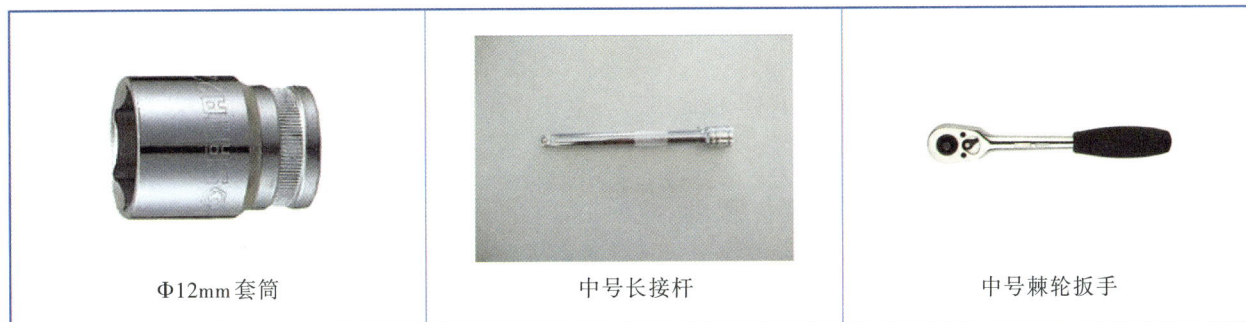

| Φ12mm套筒 | 中号长接杆 | 中号棘轮扳手 |

Φ18mm梅花扳手	卡簧钳	吹尘枪气枪
抹布	毛刷	丁字套筒
可调扭力扳手	扭力扳手	大号短接杆
Φ19mm套筒	转换接头	

六、教学组织

1. 教学组织形式

本课程为"工艺化"实训课,实训教师1名,学生32名,实训室共有8个实训工位,按照4人1个工位编组。

2. 学生的站位分工和要求

学生按规定的工位站立,根据教师的指令同时进行独立操作。

3. 实训教师职责

播放教学视频,并讲解实训项目的操作步骤和相关的注意事项;下达"开始操作"口令;巡视、检查、指导和纠正学生操作中的错误;课堂总结;组织学生对实训室进行清洁整理。

4. 学生职责

认真观看教学视频;完成教师布置的任务;做好课后的清洁整理工作。

七、核心素养

1. 配气机构的安装要求学生有很强的责任意识,否则很难正确地做好配气正时。操作时要求学生集中精力,做到检查正时时不跳齿。

2. 借助微课教学演示正时皮带的安装方法,让学生思考是否有更好的方法,培养学生的创新能力。

3. 张紧轮安装时要对准标记,左右手协同操作,让学生积极探究,找到合适的操作方法。

4. 安装完零件后应按7S要求清理并摆放好工具,培养学生良好的职业习惯。

八、操作步骤

第一步　安装水泵	
1. 清洁水泵总成的安装表面以及缸体上的安装表面。 提示: 检查清洁是否到位。	
2. 清洁水泵总成,将水泵里面的污垢清除干净。 提示: (1)检查水泵是否完好,有无损坏。 (2)清除水泵总成上的水垢。	
3. 安装新"O"形密封圈和水泵总成2个紧固螺栓。 提示: 检查密封圈是否完好后安装。	
4. 用手拧紧水泵总成的2个紧固螺栓。 提示: 螺栓拧上时,检查螺栓与螺纹是否配合正常。	

5. 选用Φ10mm丁字套筒。 提示： 按照要求对称分2—3次进行拧紧。	
6. 选用Φ12mm套筒、短接杆和预调式扭力扳手,利用工具拧紧水泵总成固定螺栓到规定的力矩:15N·m。 提示： 检查是否拧紧到规定力矩。	

第二步　安装正时皮带后防护罩

1. 从零件车上选取正时皮带后防护罩盖及其紧固螺栓。 提示： (1)检查正时皮带后防护罩是否完好。 (2)对后防护罩盖进行清洁。	
2. 安装正时皮带后防护罩。 提示： (1)检查安装是否到位。 (2)双手配合进行安装。	
3. 选用Φ10mm丁字套筒拧紧皮带后防护罩盖2个紧固螺栓。 提示： 利用工具将正时皮带后防护罩盖紧固螺栓分2—3次进行拧紧。	
4. 选用Φ10mm套筒、短接杆和预调式扭力扳手,利用工具拧紧皮带后防护罩盖总成固定螺栓到规定的力矩:20N·m。 提示： 在拧紧到规定力矩之后,再用预调式扭力扳手检查是否达到规定力矩。	

第三步　安装正时皮带	
1. 从零件车上取来正时皮带张紧器。 提示： 从零件车上正确选取正时皮带张紧器。	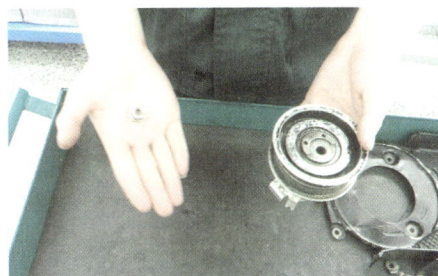
2. 清洁正时皮带张紧器。 提示： 用清洁抹布清洁正时皮带张紧器。	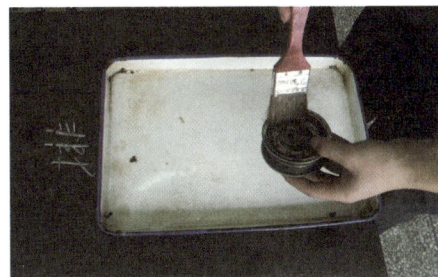
3. 用双手安装正时皮带张紧器。 提示： 将正时皮带张紧器安装到位。	
4. 安装正时皮带张紧器的紧固螺栓。 提示： 对准螺纹孔,用手将正时皮带张紧器紧固螺栓拧紧几圈。	
5. 选用Φ13mm丁字套筒,预紧正时皮带张紧器的紧固螺栓到适当位置。 提示： 左手转动张紧器,右手用工具预紧正时皮带张紧器紧固螺栓,防止正时皮带张紧器被拧死。	
6.从工具车上取来正时皮带。 提示： 检查正时皮带轮的旋转标记"→",清洁并安装正时皮带。为重复使用正时皮带,应在其上做标记,以便下次安装使用,并且将箭头方向指向发动机旋转方向。	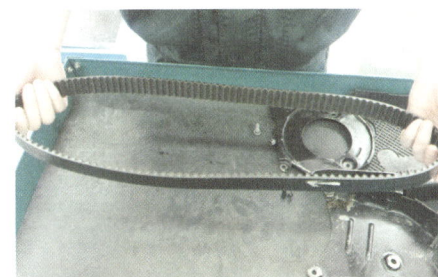

7. 安装正时皮带(曲轴带轮侧)。 提示: 安装时注意正时皮带上的齿和曲轴正时齿轮相对应。	
8. 从零件车上选取正时皮带下防护罩盖及其紧固螺栓。 提示: (1)检查正时皮带下防护罩是否完好。 (2)对下防护罩盖进行清洁。	
9. 安装正时皮带下防护罩。 提示: (1)检查安装是否到位。 (2)双手配合进行安装。	
10. 安装正时皮带下防护罩的2个紧固螺栓。 提示: 检查配合情况。	
11. 选用Φ10mm丁字套筒拧紧皮带罩下罩盖的2个紧固螺栓。 提示: 利用工具将正时皮带下防护罩盖紧固螺栓分2—3次进行拧紧。	
12. 选用Φ10mm套筒、短接杆和预调式扭力扳手,利用工具拧紧皮带罩下罩盖总成固定螺栓到规定力矩:10N·m。 提示: 在拧紧到规定力矩之后,再用预调式扭力扳手检查是否达到规定力矩。	

13. 从零件车上选取曲轴皮带盘及其紧固螺栓。 提示： （1）检查曲轴皮带盘是否完好。 （2）对下曲轴皮带盘进行清洁。	
14. 安装曲轴皮带盘。 提示： （1）按照安装标记安装曲轴皮带盘，并检查安装是否到位。 （2）双手配合进行安装。	
15. 安装曲轴皮带盘的4个紧固螺栓。 提示： 用手安装曲轴皮带盘紧固螺栓，并检查配合情况。	
16. 选用HW6套筒、短接杆和棘轮扳手，利用工具拧紧皮带罩下罩盖的4个紧固螺栓。 提示： 利用工具将曲轴皮带盘紧固螺栓分2—3次进行拧紧。	
17. 选用HW6套筒、短接杆和预调式扭力扳手，利用工具拧紧曲轴皮带盘固定螺栓到规定力矩：25N·m。 提示： 在拧紧到规定力矩之后，再用预调式扭力扳手检查是否达到规定力矩。	
18. 确认曲轴正时记号。 提示： 曲轴正时标记位于曲轴皮带轮外缘凹槽与正时皮带下防护罩的箭头处。	

19. 选用Φ19mm十二边花型套筒、大号短接杆、扭力扳手调整曲轴正时记号。 提示： 转动曲轴正时齿轮固定螺栓来调整曲轴正时。根据需要选用正确的工具,清洁并组装。若曲轴正时标记不正确,可以通过顺时针转动曲轴正时齿轮固定螺栓来调整曲轴正时标记。	
20. 确认凸轮轴正时记号。 提示： 凸轮轴正时标记位于凸轮轴正时齿轮外缘凹槽与半圆罩上的箭头处。	
21. 选用Φ18mm梅花扳手调整凸轮轴正时记号。 提示： 若凸轮轴正时标记不正确,可以通过顺时针转动凸轮轴正时齿轮固定螺栓来调整曲轴正时标记。	
22. 安装正时皮带。 提示： 安装时注意正时皮带上的齿与凸轮轴和曲轴正时齿轮相对应。	
23. 使张紧器定位块嵌入缸盖水道闷盖内。 提示： 转动张紧器,使其定位块嵌入气缸盖上水道的闷盖内,使张紧器有一个周向的定位。	
24. 明确张紧器张紧方向。 提示： 张紧器中间有标记,表示张紧器张紧时的旋转方向,按所示方向转动张紧器,便可使正时皮带张紧。	

25. 选择工具:卡簧钳、Φ13mm梅花扳手。 提示: 在张紧正时皮带时,可用卡簧钳两钳口插入张紧器上的两个定位孔,按方向转动张紧器,便可使皮带张紧,到规定的张紧力后,用梅花扳手固定张紧器,防止松脱。	
26. 调整正时皮带张紧度。 提示: 一手拿卡簧钳,使卡簧钳插入张紧器上的两个定位孔,围绕张紧器固定螺栓,逆时针转动张紧器,直到指针1与缺口2重合,并保持。	
27. 紧固张紧器固定螺母。 提示: 用梅花扳手顺时针紧固张紧器固定螺母,力矩为15N·m.	
28. 检查正时皮带张紧度,如果张紧度不合适,调节张紧器。 提示: 通过用拇指和食指翻动右侧皮带处,观察正时皮带能否转动90°,如果能够转过说明皮带挠度正常。 如果检查皮带挠度不正常,应该更换正时皮带。	
29. 检查正时标记。 提示: 检查每个皮带轮正时标记。如果没对准正时标记,拆下正时皮带重新安装。	
30. 选用Φ19mm十二边花型套筒、大号短接杆、扭力扳手。 提示: 利用工具转动曲轴正时齿轮固定螺栓来带动曲轴旋转。选用正确的工具,清洁并组装。	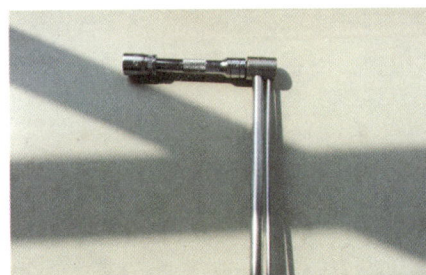

31. 旋转曲轴两圈,检查正时皮带安装情况。 提示: 利用工具顺时针转动曲轴正时齿轮固定螺栓,以带动曲轴旋转2圈,检查正时皮带的安装情况,和正时标记是否正确。如错误,应及时提出。	
32. 从零件车上选取正时皮带中防护罩盖及其紧固螺栓。 提示: (1)检查正时皮带中防护罩是否完好。 (2)对中防护罩盖进行清洁。	
33. 安装正时皮带中防护罩。 提示: (1)检查安装是否到位。 (2)双手配合进行安装。	
34. 安装正时皮带中防护罩的3个紧固螺栓。 提示: 检查配合情况。	
35. 选用Φ10mm套筒、短接杆和预调式扭力扳手,利用工具拧紧皮带罩中罩盖总成固定螺栓到规定力矩:10N·m。 提示: 在拧紧到规定力矩之后,再用预调式扭力扳手检查是否达到规定力矩。	
36. 从零件车上选取正时皮带上防护罩盖及其固定卡箍。 提示: (1)检查正时皮带上防护罩是否完好。 (2)对上防护罩盖进行清洁。	

37. 安装正时皮带上防护罩。

提示：

(1)检查安装是否到位。

(2)双手配合进行安装。

38. 安装正时皮带上防护罩的2个固定卡箍。

提示：

检查配合情况。

39. 清洁,整理工具。

提示：

工具要清洁干净,整齐摆放在工具车上。

九、评价标准

任务3　安装水泵、正时皮带及张紧器、曲轴皮带轮、正时皮带防护罩评分标准

序号	拆装项目:项目五　任务3		实际用时:	评分标准			总分
	操作时间:20min			规范操作	工具使用	拆装要点	得/扣分
	拆装步骤						
1	安装水泵。			1			
2	预紧水泵螺栓。			1	1		
3	拧紧水泵螺栓。要点:应分次紧固。			1	1	1	
4	预紧正时皮带后防护罩螺栓。			1	1		
5	拧紧正时皮带后防护罩螺栓。			1	1		
6	装上张紧器。			1			
7	将正时皮带套入曲轴正时齿轮内。 要点:注意正时皮带旋转方向。 正时皮带须沿水泵侧拉紧。			1		2	
8	安装正时皮带下防护罩。			1			
9	预紧正时皮带下防护罩螺栓。			1	1		
10	拧紧正时皮带下防护罩螺栓。			1	1		

序号	拆装项目:项目五 任务3		实际用时:	评分标准			总分
	操作时间:20min			规范操作	工具使用	拆装要点	
	拆装步骤						得/扣分
11	安装曲轴皮带盘。要点:安装标记。			1		1	
12	预紧曲轴皮带盘螺栓。			1	1		
13	拧紧曲轴皮带盘螺栓。			1	1		
14	确认曲轴皮带盘正时记号。			1			
15	确认凸轮轴正时记号。			1			
16	安装正时皮带。			2			
17	使张紧器定位块嵌入缸盖水道闷盖内。			1			
18	调整正时皮带张紧度。要点:张紧器调节方向应与箭头一致;旋紧张紧器后指针与缺口应重叠。			1	1	2	
19	紧固张紧器螺母。			1	1		
20	确认皮带张紧度。要点:能用拇指和食指翻动右侧皮带处90°左右。			2			
21	旋转曲轴两圈,检查正时皮带安装情况。要点:错误应能及时提出。			1	1	2	
22	安装正时皮带中防护罩。			1			
23	预紧正时皮带中防护罩螺栓。			1	1		
24	拧紧正时皮带中防护罩螺栓。			1	1		
25	安装正时皮带上防护罩。			2			
26	清洁整理工具,操作不当扣2分。			2			
27	整理工作台,操作不当扣2分。			2			
28	操作过程中发生零件、工具落地,每发生一次扣0.5分,共10分,扣完为止。			10			
29	零部件摆放没有按照拆装次序,扣5分;零部件摆放凌乱,扣5分。			5			
30	每超时1min扣3分,允许延时5min。			3			
31	由于拆装引起的零件损坏、丢失等,一次扣10分。			10			
32	由于拆装引起的人身伤害,一次扣20分。			20			

项目六　外围零件的装配

任务1

安装排气歧管、节温器、水泵进水管、冷却液金属水管（细）、爆震传感器、转速传感器、机油滤清器、机油滤清器座

一、项目说明

1. 排气歧管及密封垫

排气歧管是发动机排气系统的一部分。发动机排气系统有两个作用：一是将燃烧过后的高温废气导至车后或车侧排出，以免影响车内乘客；二是利用消音器将在高温高压的废气排放过程中所产生的噪音降至允许的限度。整个废气排放过程中最先碰到的是排气歧管。排气歧管在设计上最重要的是避免各气缸间的排气相互干扰，使废气尽可能地完全排出管外。

排气歧管密封垫是由钢材制成的金属密封垫。其主要作用是保证排气歧管与气缸盖之间密封。如右图所示。

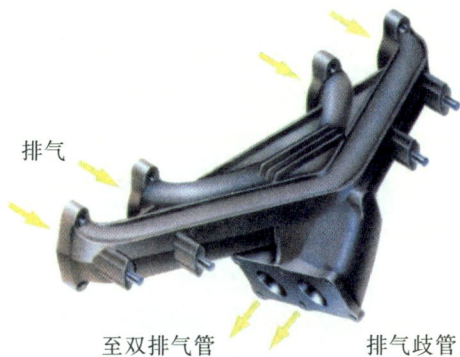

2. 下冷却液金属水管、进水管接头及节温器

下冷却液金属水管（细）是冷却系统小循环的一部分，连接气缸盖三通口与水泵进水口。进水管接头入如右图所示，安装在水泵进水口，连接散热器出水管和水泵进水口，其内侧装有节温器。

节温器是根据冷却水温度的高低自动调节进入散热器的水量，改变水的循环范围，即控制大小循环，以调节冷却系统的散热能力，保证发动机在合适的温度范围内工作。节温器必须保持良好的技术状态，否则会严重影响发动机的正常工作。如节温器主阀门开启过迟，就会引起发动机过热；主阀门开启过早，则使发动机预热时间延长，使发动机温度过低。

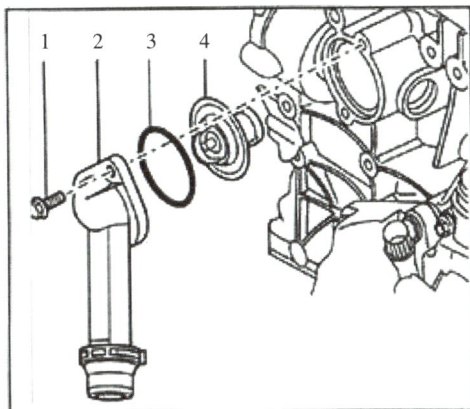

1 固定螺栓　　2 进水管接头
3 密封圈　　　4 节温器

7. 转速传感器及爆震传感器

转速传感器是对汽车上检测各类转动部件运转情况的传感器的统称,其大致的功能主要包括两个方面:一是检测运动部件的转速或转角;二是判定运动部件的转动位置。大众 AJR 发动机的转速传感器是采集曲轴转动角度和发动机转速信号输入控制单元 ECU,以便确定点火时刻和喷油时刻。安装在靠近飞轮的气缸体上。

爆震传感器是检测发动机的爆震信号,并将信号输入控制单元 ECU,控制点火时刻,实现爆震控制(点火时刻闭环控制),防止爆震,同时获得最佳性能。点火时刻闭环控制:利用爆震传感器检测是否发生爆震,有爆震的则推迟点火时刻,无爆震动则提前点火时刻,使点火时刻在任何工况下都保持最佳值。大众 AJR 发动机有两个爆震传感器,一个装在第 1,2 缸之间的缸体上,另一个装在第 3,4 缸之间的缸体上。

4. 机油滤清器及机油滤清器座总成

机油滤清器的作用是滤除机油中的杂物、胶质和水分,向各润滑部位输送清洁的机油。其安装在机油滤清器座上,拆装时需要使用专用工具机油滤清器扳手。机油滤清器座总成结构如下图所示。

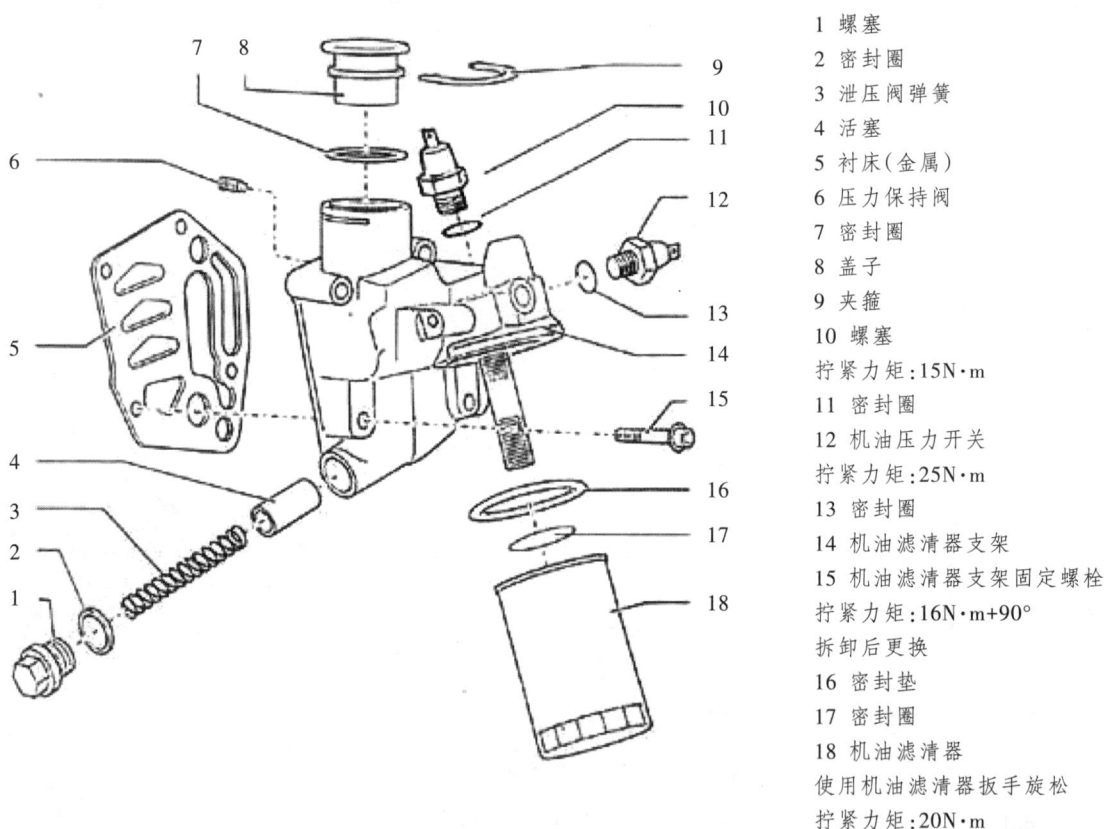

1 螺塞
2 密封圈
3 泄压阀弹簧
4 活塞
5 衬床(金属)
6 压力保持阀
7 密封圈
8 盖子
9 夹箍
10 螺塞
拧紧力矩:15N·m
11 密封圈
12 机油压力开关
拧紧力矩:25N·m
13 密封圈
14 机油滤清器支架
15 机油滤清器支架固定螺栓
拧紧力矩:16N·m+90°
拆卸后更换
16 密封垫
17 密封圈
18 机油滤清器
使用机油滤清器扳手旋松
拧紧力矩:20N·m

二、技术标准与要求

1. 安装排气管密封垫前,要先清洁密封垫和安装面,检查密封垫有无曲翘变形,如有应及时修复。安装密封垫时,必须用双手平行装入,避免倾斜变形。

2. 排气歧管比较重,安装时应拿稳,平行装入。排气歧管密封螺栓拧紧力矩:20N·m;安装顺序:应由中间到两边拧紧紧固螺栓。

3. 安装节温器时,感温体侧向内安装,避免装反,装上节温器后再安装密封圈。

4. 进水管接头固定螺栓拧紧力矩:15N·m。

5. 安装爆震传感器时,要求不能撞击爆震传感器,以免影响使用性能,拧紧力矩:10N·m。

6. 转速传感器拧紧力矩:10N·m。

7. 机油滤清器座固定螺栓拧紧力矩:16N·m+90°。

8. 在安装机油滤清器前,应先用机油润滑机油滤清器上的密封圈。机油滤清器拧紧力矩:20N·m,不能损伤机油滤清器外壳。

三、实训时间

15min。

四、实训教学目标

1. 知道排气歧管、节温器、水泵进水管、冷却液金属水管(细)、爆震传感器、转速传感器、机油滤清器、机油滤清器座的安装顺序和安装工艺。

2. 会安装排气歧管、节温器、水泵进水管、冷却液金属水管(细)、爆震传感器、转速传感器、机油滤清器、机油滤清器座。

五、实训器材

可调扭力扳手	大号短接杆	转换接头
Φ12mm、Φ10mm套筒	中号长接杆	中号棘轮扳手
丁字套筒	机油滤清器扳手	抹布

六、教学组织

1. 教学组织形式

本课程为"工艺化"实训课,实训教师1名,学生32名,实训室共有8个实训工位,按照4人1个工位编组。

2. 学生的站位分工和要求

学生按规定的工位站立,根据教师的指令同时进行独立操作。

3. 实训教师职责

播放教学视频,并讲解实训项目的操作步骤和相关的注意事项;下达"开始操作"口令;巡视、检查、指导和纠正学生操作中的错误;课堂总结;组织学生对实训室进行清洁整理。

4. 学生职责

认真观看教学视频;完成教师布置的任务;做好课后的清洁整理工作。

七、核心素养

1. 安装排气歧管时,零件较为笨重,通过小组成员合作协同安装排气歧管,培养学生的团队合作意识和安全操作意识。

2. 外围辅件零部件较多,安装时要注意顺序,避免因安装顺序错误而导致的返工,培养学生的职业素养。

3. 有部分工位上的节温器O型密封圈已丢失。通过讲解一个小小的O型密封圈丢失而使得整个发动机不能正常运作,培养学生的责任意识。

4. 安装完零件后应按7S要求清理并摆放好工具,培养学生良好的职业习惯。

八、操作步骤

第一步　安装排气歧管

1. 清洁气缸盖排气歧管安装面。 提示: 在使用抹布清洁时,注意不要将脏物掉入气缸盖排气孔内,否则容易造成发动机损伤。	
2. 检查气缸盖排气歧管固定螺栓。 提示: 检查气缸盖排气管固定螺栓是否松动或螺纹是否滑牙。	

3. 从零件车上取排气歧管密封垫。 提示： （1）从零件车上取来排气歧管密封垫片，清洁密封垫，检查密封垫是否变形或损坏。 （2）确认密封垫的安装方向。	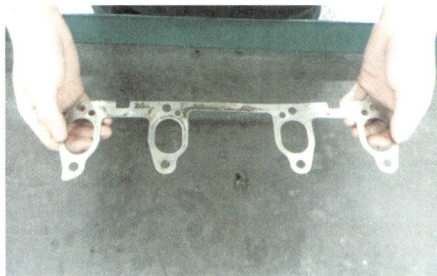
4. 安装排气歧管密封垫。 提示： 用双手安装排气歧管密封垫，注意安装时一定要双手配合，防止密封垫因倾斜发生卡滞或损坏。	
5. 从工具车上取来排气歧管和8个固定螺母。 提示： （1）清洁排气歧管安装面，检查排气歧管有无裂纹和破损。 （2）检查排气歧管固定螺母有无缺少，螺纹有无滑牙现象。	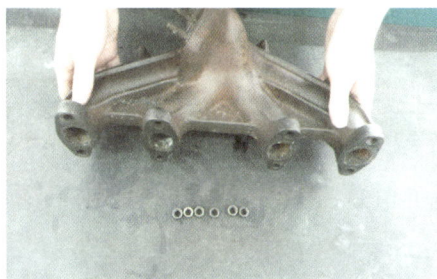
6. 安装排气歧管。 提示： （1）双手安装排气歧管，保持两端平行装入。 （2）不得碰撞固定螺栓，防止损坏。	
7. 安装排气歧管螺母。 提示： 双手安装排气歧管固定螺母，防止掉落。安装时发现有卡滞现象，重新检查螺母螺纹和螺栓螺纹有无滑牙或异物。	
8. 选用Φ12mm丁字套筒。 提示： 正确选用丁字套筒，保持清洁。	

9. 查阅《大众AJR发动机维修手册》。 提示： 查阅资料,掌握排气歧管固定螺母的紧固顺序和力矩。	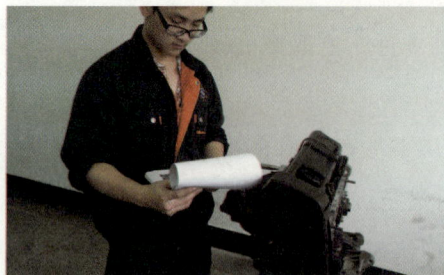
10. 利用工具预紧排气歧管固定螺母。 提示： 利用工具按照维修手册的要求预紧排气歧管固定螺母。	
11. 选用Φ12mm套筒、转换接头、大号短接杆、扭力扳手。 提示： 正确选用Φ12mm套筒、转换接头、大号短接杆、扭力扳手,清洁并组装。	
12. 拧紧排气歧管紧固螺母。 提示： 按维修手册要求紧固排气歧管固定螺母,应由中间到两边拧紧紧固螺母,拧紧力矩为20N·m。	

第二步　安装水泵

1. 清洁节温器安装面。 提示： 清洁气缸体上进水管接头与节温器安装面,检查有无锈蚀、变形或破损。	
2. 从零件车上取来节温器。 提示： 从零件车上取来节温器,清洁并检查节温器有无损坏或锈蚀。确认节温器的安装方向。(节温器的感温部位必须在气缸体内。)	

3. 安装节温器。 提示： 用双手安装节温器,检查节温器的安装位置。节温器的感温部分朝向气缸体。	
4. 从零件车上取来节温器密封圈。 提示： 从零件车上取来节温器密封圈,清洁密封圈的密封部位。检查密封圈是否断裂或老化。在实际维修中密封圈为一次性用品,即每次均要更换新件。	
5. 安装节温器密封圈。 提示： 用双手安装节温器密封圈,检查节温器密封圈的安装位置。	
6. 从零件车上取来水泵进水管接头和紧固螺栓。 提示： 清洁水泵进水管接头和紧固螺栓。检查进水管接头安装面有无裂纹、锈蚀或损坏。检查紧固螺栓有无滑牙。	
7. 安装水泵进水管接头,用手带上紧固螺栓。 提示： 双手安装水泵进水管接头,注意要保证位置正确,防止密封圈错位,从而影响密封性能。	
8. 选用Φ10mm丁字套筒。 提示： 选择正确规格的工具,清洁并检查是否损坏。	

9. 预紧水泵进水管接头螺栓。 提示： 利用工具，预紧水泵进水管接头螺栓，分2—3次拧紧。	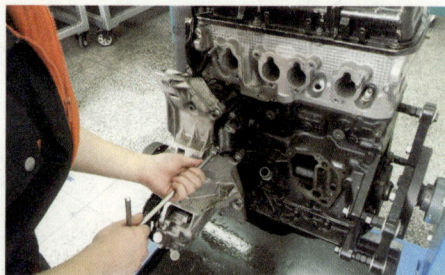
10. 查阅《大众AJR发动机维修手册》。 提示： 查阅《大众AJR发动机维修手册》，查找水泵进水管接头紧固螺栓拧紧力矩——10N·m。	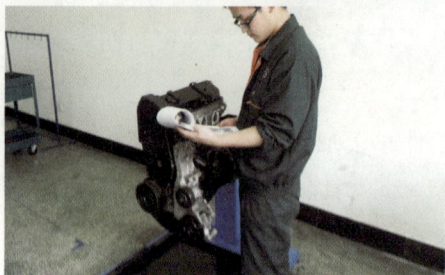
11. 选用Φ10mm套筒、转换接头、大号短接杆、扭力扳手。 提示： 正确选用Φ10mm套筒、转换接头、大号短接杆、扭力扳手，清洁并组装。	
12. 拧紧水泵进水管接头螺栓。 提示： 按维修手册要求紧固排气歧管固定螺母，应由中间到两边拧紧紧固螺母，力矩为10N·m。	
13. 从零件车上取来下冷却液金属水管（细）。 提示： 从零件车上取来下冷却液金属水管（细），清洁金属水管，检查金属水管有无锈蚀、变形或损坏。检查金属水管处的"O"形密封圈是否变形或损坏。	
14. 安装下冷却液金属水管（细）。 提示： 先清洁气缸体上下冷却液金属水管（细）的安装面，按正确位置安装下冷却液金属水管（细）。检查安装位置是否正确。	

第三步　安装爆震传感器

1. 从零件车上取来第1,2缸爆震传感器和紧固螺栓。 提示： 清洁位于气缸体上的第1,2缸爆震传感器安装面；从零件车上取来第1,2缸爆震传感器和紧固螺栓，清洁，检查传感器是否损坏，传感器线束是否破断、裂损或折弯。	
2. 安装爆震传感器。 提示： 确认第1,2缸爆震传感器安装位置，安装第1,2缸爆震传感器，用手安装爆震传感器紧固螺栓。注意不能撞击爆震传感器。	
3. 选择Φ13mm丁字套筒。 提示： 选择正确规格的工具，清洁并检查是否损坏。	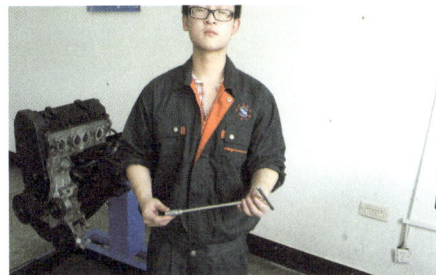
4. 预紧第1,2缸爆震传感器紧固螺栓，再拧紧第1,2缸爆震传感器紧固螺栓。 提示： 先预紧第1,2缸爆震传感器紧固螺栓，再拧紧第1,2缸爆震传感器紧固螺栓。注意不能撞击爆震传感器。	
5. 从零件车上取来第3,4缸爆震传感器和紧固螺栓。 提示： 清洁位于气缸体上第3,4缸爆震传感器安装面；从零件车上取来第3,4缸爆震传感器和紧固螺栓，清洁，检查传感器是否损坏，传感器线束是否破断、裂损或折弯。	
6. 安装爆震传感器。 提示： 确认第3,4缸爆震传感器安装位置，安装第3,4缸爆震传感器，用手安装爆震传感器紧固螺栓。注意不能撞击爆震传感器。	

7. 选择Φ13mm丁字套筒。 提示： 选择正确规格的工具,清洁并检查是否损坏。	
8. 预紧第3,4缸爆震传感器紧固螺栓,再拧紧第3,4缸爆震传感器紧固螺栓。 提示： 先预紧第3,4缸爆震传感器紧固螺栓,再拧紧第3,4缸爆震传感器紧固螺栓。注意不能撞击爆震传感器。	

第四步　安装转速传感器

1. 从零件车上取来转速传感器和紧固螺栓。 提示： 清洁位于气缸体上的转速传感器安装面;从零件车上取来转速传感器和紧固螺栓,清洁,检查传感器是否损坏,传感器线束是否破断、裂损或折弯。	
2. 安装转速传感器。 提示： 确认转速传感器安装位置,安装转速传感器,用手安装转速传感器紧固螺栓。	
3. 选择Φ10mm丁字套筒。 提示： 选择正确规格的工具,清洁并检查是否损坏。	
4. 预紧转速传感器紧固螺栓,再拧紧转速传感器紧固螺栓。 提示： 先预紧转速传感器紧固螺栓,再拧紧转速传感器紧固螺栓。	

第五步　安装机油滤清器座及机油滤清器	
1.清洁机油滤清器座安装面。 提示: 清洁机油滤清器座在气缸体上的安装面,防止杂物掉入气缸体油道内。检查安装面是否变形或损坏。	
2. 从零件车上取来机油滤清器座、机油滤清器座紧固螺栓及金属密封垫。 提示: 从零件车上取来机油滤清器座、机油滤清器座紧固螺栓及金属密封垫,先清洁机油滤清器座及金属密封垫,再检查有无变形或损坏。	
3. 安装金属密封垫到机油滤清器座。 提示: 为了安装方便,先将金属密封垫按正确的位置安装到机油滤清器座上,然后装入2个机油滤清器座紧固螺栓,按对角线的方向固定。将组装好的机油滤清器座和金属密封垫总成安装到气缸体上,用手旋入固定螺栓,并检查安装位置是否正确。	
4. 查阅《大众AJR发动机维修手册》。 提示: 通过查阅《大众AJR发动机维修手册》,掌握机油滤清器座紧固螺栓的拧紧顺序及拧紧力矩。 顺序:对角线方向。 力矩:16N·m+90°。	
5. 选择Φ12mm丁字套筒。 提示: 选择正确规格的工具,清洁并检查是否损坏。	
6. 预紧机油滤清器座紧固螺栓。 提示: 利用工具按对角线方向,分2—3次预紧机油滤清器座紧固螺栓。	

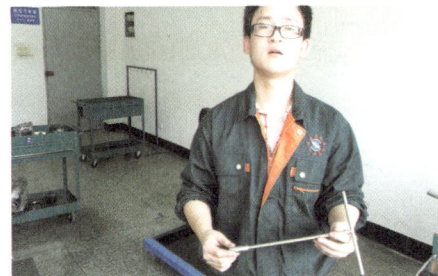

7. 选用Φ10mm套筒、转换接头、大号短接杆、扭力扳手。 提示： 正确选用Φ10mm套筒、转换接头、大号短接杆、扭力扳手，清洁并组装。	
8. 拧紧机油滤清器座紧固螺栓。 提示： 按维修手册要求紧固机油滤清器座紧固螺栓。应按对角线方向拧紧机油滤清器座紧固螺栓。拧紧力矩为16N·m+90°。	
9. 检查双头螺柱安装情况。 提示： 双头螺柱是用来连接机油滤清器与机油滤清器座的固定螺栓，它位于机油滤清器座上，检查时用手按顺时针方向旋转双头螺柱，检查其是否松动。如有，用手将其拧紧到机油滤清器座上。	
10. 清洁机油滤清器安装面。 提示： 清洁机油滤清器在机油滤清器座上的安装面。	
11. 清洁机油滤清器。 提示： 清洁机油滤清器及橡胶密封圈。	
12. 润滑机油滤清器上端面。 提示： 在机油滤清器上端沿和橡胶密封圈均匀涂抹润滑油，确保安装时密封圈无损坏和安装后的密封性。	

13. 安装机油滤清器及橡胶密封垫。

提示：

用双手安装机油滤清器及橡胶密封垫。注意不要滑牙。然后用手预紧。

14. 查阅《大众 AJR 发动机维修手册》。

提示：

查阅《大众 AJR 发动机维修手册》，掌握机油滤清器拧紧力矩。

顺序：顺时针方向。

力矩：20N·m。

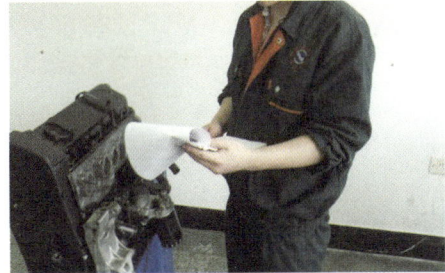

15. 选用机油滤清器拆装扳手。

提示：

由于机油滤清器比较大，又是靠螺纹固定，所以要选择专用的扳手将机油滤清器拧紧。机油滤清器扳手在使用过程中要注意方向，方向错误不能将机油滤清器夹住。拧紧力矩：20N·m。

注意不能损伤机油滤清器外壳。

16. 清洁，整理工具。

提示：

工具要清洁干净，整齐地摆放在工具车上。

九、评价标准

任务1　安装排气歧管、节温器、水泵进水管、冷却液金属水管(细)、爆震传感器、
转速传感器、机油滤清器、机油滤清器座评分标准

序号	拆装项目:项目六 任务1　操作时间:15min　拆装步骤		实际用时:	评分标准			总分
				规范操作	工具使用	拆装要点	得/扣分
1	安装排气歧管密封垫。			1			
2	安装排气歧管,带上螺母。			2			
3	预紧排气歧管紧固螺栓。			2	1		
4	拧紧排气歧管紧固螺栓。 要点:应由中间往两边拧紧紧固螺栓。			2	2	2	
5	安装节温器密封圈。			1			
6	安装节温器。			1			
7	安装水泵进水管接头,带入螺栓。			2			
8	预紧水泵进水管接头螺栓。			1	1		
9	拧紧水泵进水管接头螺栓。			1	1		
10	安装下冷却液金属水管(细)。			1			
11	安装第1,2缸爆震传感器,要点:不能撞击爆震传感器。			1	1	2	
12	安装第3,4缸爆震传感器,要点:不能撞击爆震传感器。			1	1	2	
13	安装转速传感器。			1	1		
14	安装机油滤清器座及金属密封垫。			2			
15	预紧机油滤清器座紧固螺栓。			1	1		
16	拧紧机油滤清器座紧固螺栓。 要点:应对角线预紧、拧紧紧固螺栓。			1	1	2	
17	检查双头螺柱安装情况,确认无松动。			1			
18	在机油滤清器上端沿均匀涂上机油。			1			
19	安装机油滤清器及橡胶密封垫。			2			
20	拧紧机油滤清器。要点:不能损伤机油滤清器外壳。			1	1	2	
21	清洁整理工具,操作不当扣2分。				2		
22	整理工作台,操作不当扣2分。				2		
23	操作过程中发生零件、工具落地,每发生一次扣0.5分,共10分,扣完为止。				10		
24	零部件摆放没有按照拆装次序,扣5分;零部件摆放凌乱,扣5分。				5		
25	每超时1min扣3分,允许延时5min。				3		
26	由于拆装引起的零件损坏、丢失等,一次扣10分。				10		

项目六　外围零件的装配

任务2

安装三通口、冷却液金属水管(粗)、点火模块总成、分缸线、进气歧管、节气门体总成和曲轴通风管

一、项目说明

1. 上冷却液金属水管(粗)及三通口

上冷却液金属水管(粗)是冷却系统大循环的一部分,它连接气缸盖三通口和散热器。三通口安装在气缸盖后部,一端连接空调暖风系统进水口,一端安装有冷却液传感器,还有一端连接上冷却液金属水管(粗),通过大循环将气缸盖出来的高温冷却液输送到散热器。

2.点火模块

点火模块也称为点火控制器,内部集成电路主要由整形电路、放大电路和开关电路组成。其主要起开关作用,用来控制点火系统初级电路的导通与截止。

3. 进气歧管

进气歧管一般由铝合金材料制成,连接节气门体和各缸燃烧室。其作用就是把一根进气总管分出4个支管的一个管路,满足每一个气缸单独进气的功能。

4. 节气门体及连接水管

节气门体是发动机进气系统上的一个装置,是控制发动机进气量的一个阀门。其一般分为三部分:执行器、节气门片和节气门位置传感器。其上面的水管属于冷却系统小循环的一部分,其主要作用是给节气门体加热,使通过节气门的空气温度升高,以便汽油更好地雾化;还可以防止曲轴通风管处过来的汽油蒸气在节气门体上遇冷凝结。

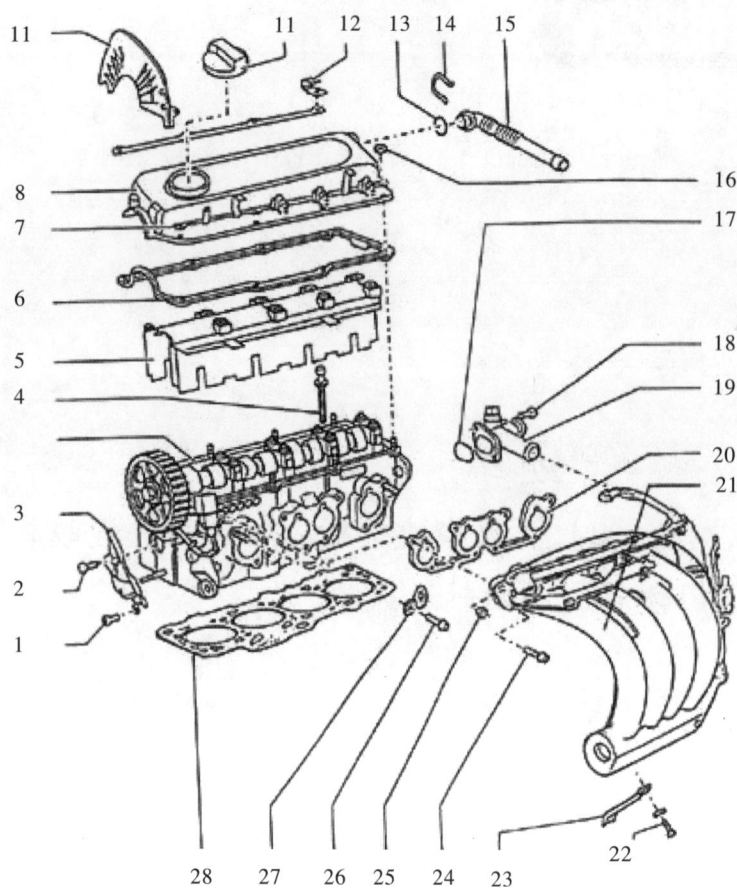

1 螺栓(拧紧力矩15N·m)
2 25、27螺栓(拧紧力矩20N·m)
3 正时齿带后护板
4 气缸盖总成
5 气缸盖螺栓
6 机油反射罩
7 气门罩盖衬垫
8 紧固压条
9 门罩盖
10 压条
11 正时齿带后上罩
12 加机油口盖
13 支架
14 密封圈
15 央箍
16 曲轴箱通气软管
17 螺母(拧紧力矩12N·m)
18 密封圈
19 螺栓(拧紧力矩10N·m)
20 凸缘
21 进气歧管衬垫
22 进气歧管
23 进气歧管支架
24 进气歧管支架紧固螺栓
26 螺母(拧紧力矩20N·m)
28 吊耳 29气缸盖衬垫

进气歧管

5.曲轴通风管

曲轴通风管一般由塑性材料制成,连接气门室与进气管。其主要作用是将窜入曲轴箱的废气输送给进气歧管,使这些废气重新混合燃烧。通过进气管上安装的真空管将窜入曲轴箱内的可燃混合气吸入进气管中,然后将这些可燃混合气重新吸入气缸内进行燃烧。

二、技术标准与要求

1. 三通口固定螺栓拧紧力矩:10N·m。

2. 冷却液金属水管(粗)固定螺栓拧紧力矩:16N·m。

3. 点火模块总成固定螺栓拧紧力矩:10N·m;顺序:应分几次按对角线拧紧固定螺栓。

4. 在安装分缸线时,不能错乱。

5. 进气歧管固定螺栓拧紧力矩:20N·m。

6. 节气门体固定螺栓拧紧力矩:10N·m;拧紧顺序:按对角线拧紧。

三、实训时间

15min。

四、实训教学目标

1. 知道机油尺、发动机盖板支架、点火高压线、燃油分配管总成、发动机传动皮带、发电机传动皮带张紧器,以及发电机总成的安装顺序和安装工艺。

2. 会安装发电机传动皮带、各缸点火高压线,以及发电机总成。

五、实训器材

Φ10mm长套筒	中号长接杆	棘轮扳手
一字螺丝刀	十字螺丝刀	尖嘴钳
转换接头	TX35花型套筒	可调扭力扳手
大号短接杆	Φ8mm六角旋具套筒	抹布

六、教学组织

1. 教学组织形式

本课程为"工艺化"实训课,实训教师1名,学生32名,实训室共有8个实训工位,按照4人1个工位编组。

2. 学生的站位分工和要求

学生按规定的工位站立,根据教师的指令同时进行独立操作。

3. 实训教师职责

播放教学视频,并讲解实训项目的操作步骤和相关的注意事项;下达"开始操作"口令;巡视、检查、指导和纠正学生操作中的错误;课堂总结;组织学生对实训室进行清洁整理。

4. 学生职责

认真观看教学视频;完成教师布置的任务;做好课后的清洁整理工作。

七、核心素养

1. 安装水管时要认真仔细地安装各管接头,避免渗漏,培养学生的责任意识。

2. 进气歧管等大型零部件安装时要小组合作,避免砸伤,增强学生的安全意识。

3. 点火高压线装入点火模块时,应按标记安装,否则会引起点火错乱,通过学习技术要求,培养学生的职业素养。

4. 安装完零件后应按7S要求清理并摆放好工具,培养学生良好的职业习惯。

八、操作步骤

第一步　　安装冷却液三通口	
1. 清洁冷却液三通口安装面。 提示: 清洁气缸盖上的冷却液三通口的安装面,防止杂物掉入气缸盖水道内。	
2. 从零件车上取来冷却液三通口。 提示: 从零件车上取来冷却液三通口及安装螺栓,清洁,并检查冷却液三通口是否变形或损坏。	
3. 安装冷却液三通口。 提示: 用手安装冷却液三通口,检查位置是否正确,用手旋入固定螺栓,防止滑牙。	

4. 选用Φ10mm套筒、中号长接杆、中号棘轮扳手。 提示： 正确选用Φ10mm套筒、中号长接杆、中号棘轮扳手,清洁并组装,确认棘轮扳手旋转方向。	
5. 预紧冷却液三通口紧固螺栓。 提示： 利用工具分2—3次预紧冷却液三通口紧固螺栓。	
6. 选用Φ10mm套筒、中号长接杆、预制力扭力扳手。 提示： 正确选用Φ10mm套筒、中号长接杆、预制力扭力扳手,清洁并组装,确认预制力扭力扳手旋转方向。	
7. 拧紧冷却液三通口紧固螺栓。 提示： 利用工具紧固冷却液三通口紧固螺栓。拧紧力矩:10N·m。	
第二步　安装冷却液金属管(粗)	
1. 清洁冷却液金属水管(粗)安装面。 提示： 清洁气缸体上的冷却液金属水管(粗)的安装面,防止杂物掉入气缸盖水道内。	
2. 从零件车上取来冷却液金属水管(粗)。 提示： 从零件车上取来冷却液金属水管(粗)及安装螺栓。清洁并检查冷却液金属水管(粗)是否变形或损坏。检查冷却液金属水管(粗)的密封圈是否损坏。	

3. 安装冷却液金属水管(粗)。 提示: 用手安装冷却液金属水管(粗),检查位置是否正确,用手旋入固定螺栓,防止滑牙。	
4. 选用Φ10mm套筒、中号长接杆、中号棘轮扳手。 提示: 正确选用Φ10mm套筒、中号长接杆、中号棘轮扳手,清洁并组装,确认棘轮扳手旋转方向。	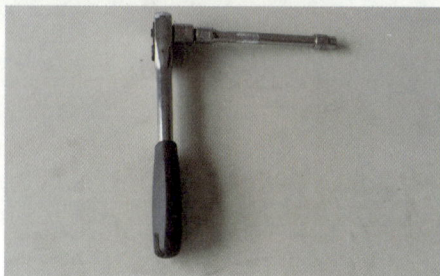
5. 预紧冷却液金属水管(粗)紧固螺栓。 提示: 利用工具分2—3次预紧冷却液金属水管(粗)紧固螺栓。	
6. 选用Φ10mm套筒、中号长接杆、预制力扭力扳手。 提示: 正确选用Φ10mm套筒、中号长接杆、预制力扭力扳手,清洁并组装,确认预制力扭力扳手旋转方向。	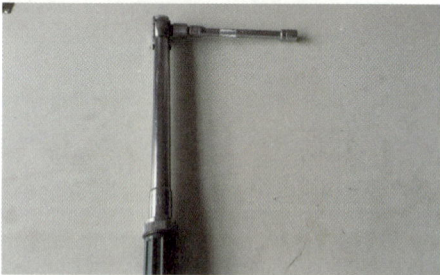
7. 拧紧冷却液金属水管(粗)紧固螺栓。 提示: 利用工具紧固冷却液金属水管(粗)紧固螺栓。拧紧力矩:10N·m。	
8. 从零件车上取来上冷却液金属水管(粗)的卡箍。 提示: 从零件车上取来卡箍,检查卡箍是否变形或损坏。然后按正确的位置套入上冷却液金属水管(粗)。	

9. 连接三通口与上冷却液金属水管（粗）的连接水管。 提示： 用手连接三通口与上冷却液金属水管（粗）的连接水管，检查位置是否正确。	
10. 选用一字起子。 提示： 正确选择工具，清洁，并检查一字起子是否损坏。	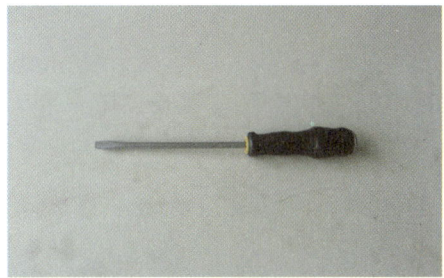
11. 紧固连接三通口与上冷却液金属水管（粗）的连接水管卡箍。 提示： 再次检查橡胶管位置是否正确，然后将卡箍移动到正确位置，并将紧固螺栓调整到便于拧紧的位置。最后利用工具将卡箍拧紧。检查安装是否正确。	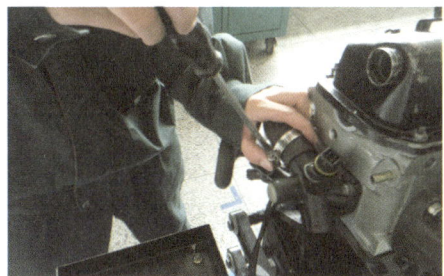

第三步　安装点火模块总成

1. 清洁点火模块安装面。 提示： 清洁点火模块安装面，检查安装面是否损坏，螺栓孔是否有异物或滑牙。	
2. 从零件车上取来点火模块总成及固定螺栓。 提示： 从零件车上取来点火模块总成及固定螺栓，清洁，并检查点火模块有无裂纹或损坏，固定螺栓有无弯曲或滑牙。	
3. 安装点火模块总成及固定螺栓。 提示： 按正确位置将点火模块安装到进气歧管上，然后用手将固定螺栓拧入螺栓孔。	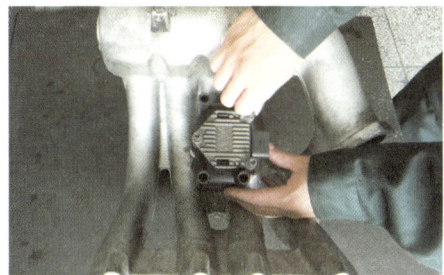

4. 查阅《大众AJR发动机维修手册》。 提示： 查阅《大众AJR发动机维修手册》，掌握点火模块固定螺栓的拧紧顺序及力矩。 顺序：应分次拧紧固定螺栓。 力矩：20N·m。	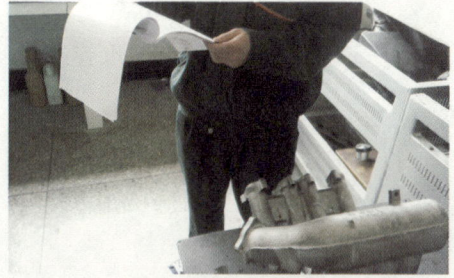
5. 用TX25花型套筒、中号长接杆。 提示： （1）选择正确的工具并组装，防止掉落。	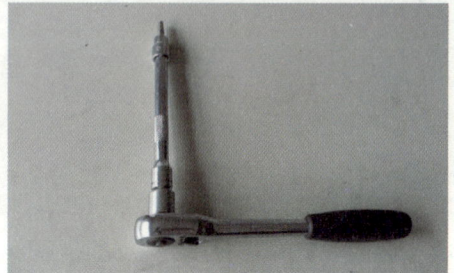
6. 预紧点火模块紧固螺栓。 提示： 利用工具预紧点火模块紧固螺栓。	
7. 选用TX25花型套筒、中号长接杆、预制力扭力扳手。 提示： （1）正确选择工具并组装，防止掉落。 （2）确认预制力扭力扳手方向。	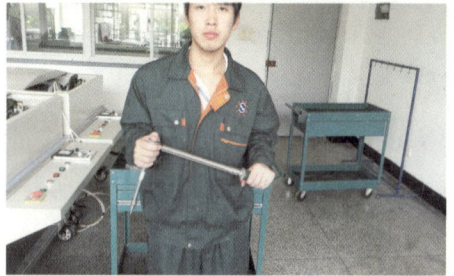
8. 拧紧点火模块紧固螺栓。 提示： 利用工具分次拧紧紧固螺栓。	
9. 检查分缸线标记。 提示： 从零件车上取来4根分缸线，清洁并检查分缸线的标记。	

10. 安装分缸线。 提示： 按照标记,将4根分缸线装到点火模块上。注意分缸线不能错乱。	
11. 摆放分缸线。 提示： 按要求摆放分缸线,第1,2缸分缸线放一起,第3,4缸分缸线放一起。	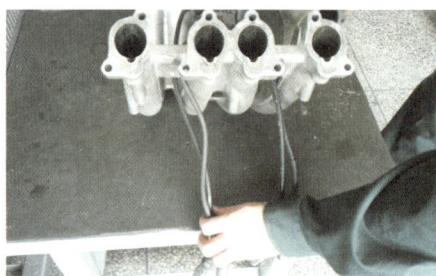

第四步　安装进气歧管

1. 清洁进气歧管安装面。 提示： 清洁进气歧管在气缸盖上的安装面,检查有无污垢、变形或损坏。检查进气歧管安装螺栓孔有无异物或滑牙,安装螺栓有无弯曲或滑牙。	
2. 从零件车上取来进气歧管密封垫。 提示： 从零件车上取来进气歧管密封垫,清洁,并检查密封垫是否损坏。在实际维修中,此类纸质密封垫为一次性用品,即每拆装一次均需更换新件。	
3. 安装进气歧管密封垫。 提示： 用双手安装进气歧管密封垫。在安装时,位置要正确,防止错位;还要注意避免用力拉扯,以防损坏。	
4. 从零件车上取来进气歧管。 提示： 从零件车上取来进气歧管和紧固螺栓螺母,清洁并检查进气歧管有无裂纹或损坏,固定螺栓和螺母有无缺损或滑牙。如有,需更换新件。	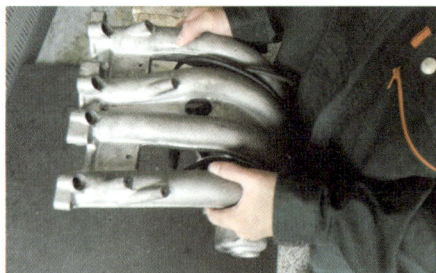

5. 安装进气歧管。 提示： 双手安装进气歧管，防止因密封碰撞而造成损坏或变形。安装到位后用手套入螺母和螺栓。	
6. 选用 TX54 花型套筒、转换接头、大号万向节、大号长接杆、大号棘轮扳手。 提示： （1）正确选择工具并组装，防止掉落。 （2）确认棘轮扳手方向。 （3）由于这6个螺母拆装的空间比较小，所以要使用万向节。	
7. 预紧进气歧管紧固螺栓。 提示： 利用工具按照从中间到两边对角线位置预紧进气歧管固定螺栓和螺母。	
8. 查阅《大众 AJR 发动机维修手册》。 提示： 查阅《大众 AJR 发动机维修手册》，掌握进气歧管固定螺栓和螺母的拧紧顺序和拧紧力矩。 顺序：由中间到两边按对角线方向拧紧。 力矩：$20N \cdot m$。	
9. 选用 TX54 花型套筒、转换接头、大号万向节、大号长接杆、预制力扭力扳手。 提示： （1）正确选择工具并组装，防止掉落。 （2）确认预制力扭力扳手方向。 （3）由于这6个螺母拆装的空间比较小，所以要使用万向节。	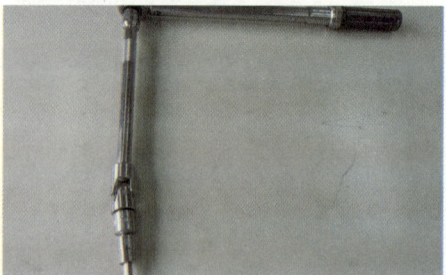
10. 拧紧进气歧管固定螺栓。 提示： 利用工具按照维修手册要求的顺序和力矩，拧紧进气歧管固定螺栓和螺母。	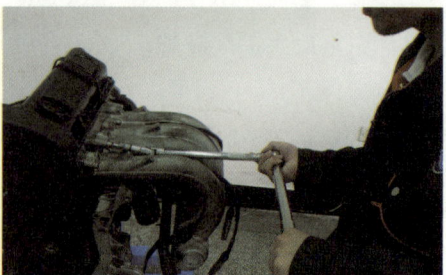

第五步 安装节气门体总成	
1. 清洁节气门体安装面。 提示: 清洁进气歧管上的节气门体安装面,防止异物掉入进气歧管内,检查安装面有无油污或损坏,检查螺栓孔内有无异物和螺栓孔是否滑牙。	
2. 从零件车上取来节气门体密封垫。 提示: 从零件车上取来节气门体密封垫,清洁并检查密封垫有无损坏。在实际的维修中,纸质的密封垫为一次性用品,即每拆装一次均需更换新件。	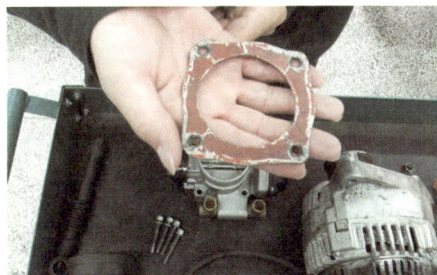
3. 从零件车上取来节气门体总成与固定螺栓。 提示: 从零件车上取来节气门体总成和固定螺栓,清洁并检查节气门体有无损坏或变形,检查固定螺栓有无弯曲或滑牙。	
4. 安装节气门体总成。 提示: 用双手安装进气门体总成,注意位置的正确性。用手套入固定螺栓,防止掉落。	
5. 查阅《大众AJR发动机维修手册》。 提示: 查阅《大众AJR发动机维修手册》,掌握进气歧管固定螺栓和螺母的拧紧顺序和拧紧力矩。 顺序:由中间到两边按对角线方向拧紧。 力矩:20N·m。	
6. 选用TX30花型套筒、中号长接杆、中号棘轮扳手。 提示: (1)选择正确规格的工具并组装,防止掉落。 (2)确认棘轮扳手方向。	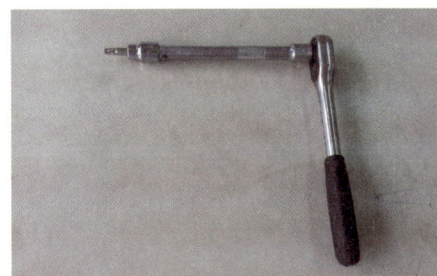

7. 预紧节气门体固定螺栓。 提示： 利用工具按对角线位置分2—3次预紧节气门体固定螺栓。	
8. 选用TX30花型套筒、中号长接杆、预制力扭力扳手。 提示： (1)选择正确规格的工具并组装,防止掉落。 (2)确认预制力扭力扳手方向。	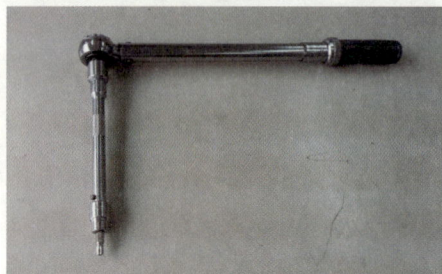
9. 拧紧节气门体固定螺栓。 提示： 利用工具按维修手册要求紧固节气门体固定螺栓。	
10. 从零件车上取来节气门体上的内侧水管卡箍。 提示： 从零件车上取来卡箍,检查卡箍是否变形或损坏。然后按正确的位置套入节气门体上的内侧水管。	
11. 连接节气门体上的内侧水管。 提示： 用手连接节气门体上的内侧水管,检查位置是否正确。	
12. 选用十字起子。 提示： 正确选择工具,清洁并检查十字起子是否损坏。	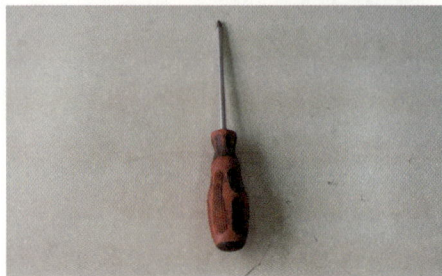

13. 紧固节气门体上的内侧水管卡箍。 提示： 再次检查橡胶管位置是否正确，然后将卡箍移动到正确位置，并将紧固螺栓调整到便于拧紧的位置。最后利用工具将卡箍拧紧。检查安装是否正确。	
14. 从零件车上取来节气门体上的外侧水管卡箍。 提示： 从零件车上取来卡箍，检查卡箍是否变形或损坏。然后按正确的位置套入节气门体上的外侧水管。	
15. 连接节气门体上的外侧水管。 提示： 用手连接节气门体上的外侧水管，检查位置是否正确。	
16. 选用十字起子。 提示： 正确选择工具，清洁并检查十字起子是否损坏。	
17. 紧固节气门体上的外侧水管卡箍。 提示： 再次检查橡胶管位置是否正确，然后将卡箍移动到正确位置，并将紧固螺栓调整到便于拧紧的位置。最后利用工具将卡箍拧紧。检查安装是否正确。	
18. 从零件车上取来节气门体前侧进气管和抱箍。 提示： 从零件车上取来节气门体前侧进气管和抱箍，检查进气管和抱箍是否变形或损坏。	

19. 连接节气门体前侧进气管和抱箍。 提示： 用手连接节气门体前侧进气管和抱箍，并检查位置是否正确。	
20. 选用十字起子。 提示： 正确选择工具，清洁并检查十字起子是否损坏。	
21. 紧固节气门体前侧进气管和抱箍。 提示： 再次检查进气管安装位置是否正确，然后将抱箍移动到正确位置，并将紧固螺栓调整到便于拧紧的位置。最后利用工具将抱箍拧紧。检查安装是否正确。	
22. 从零件车上取来曲轴箱通风管。 提示： 从零件车上取来曲轴箱通风管，检查曲轴箱通风管是否变形或损坏。	
23. 连接曲轴箱通风管。 提示： 正确连接曲轴箱通风管。	
24. 从零件车上取来曲轴箱通风管卡箍。 提示： 从零件车上取来曲轴箱通风管卡箍，然后检查卡箍是否失效。	

25. 取出尖嘴钳。 提示： 检查尖嘴钳技术状况。		
26. 利用尖嘴钳安装曲轴箱通风管卡箍。 提示： 利用尖嘴钳安装曲轴箱通风管卡箍。确认位置是否正确。		
27. 清洁,整理工具。 提示： 工具要清洁干净,整齐地摆放在工具车上。		

九、评价标准

任务2　安装三通口、冷却液金属水管(粗)、点火模块总成、分缸线、进气歧管、节气门体总成和曲轴通风管评分标准

序号	拆装项目:项目六　任务2	实际用时:	评分标准			总分
	操作时间:15min		规范 操作	工具 使用	拆装 要点	
	拆装步骤					得/扣分
1	安装冷却液三通口。		1			
2	预紧冷却液三通口紧固螺栓。		1	1		
3	拧紧冷却液三通口紧固螺栓。		1	1		
4	安装冷却液金属水管(粗)。		1			
5	预紧冷却液金属水管(粗)螺栓。		1	1		
6	拧紧冷却液金属水管(粗)螺栓。		1	1		
7	连接三通口与上冷却液金属水管(粗)的连接水管。		2			
8	安装点火模块总成。		1			
9	预紧点火模块紧固螺栓。		1	1		
10	拧紧点火模块紧固螺栓。 要点:应分次拧紧紧固螺栓。		1	1	2	

续表

序号	拆装项目：项目六 任务2	实际用时：	评分标准			总分
	操作时间：15min		规范操作	工具使用	拆装要点	
	拆装步骤					得/扣分
11	检查分缸线标记。		1			
12	安装分缸线。 要点：分缸线不能错乱。		1		2	
13	将分缸线按要求摆放。		1			
14	安装进气歧管密封垫。		1			
15	安装进气歧管，带上螺母。		2			
16	带入螺栓。		1			
17	预紧进气歧管螺栓（螺母）。		2	1		
18	拧紧进气歧管螺栓（螺母）。 要点：应由中间到两边拧紧紧固螺栓。		2	1	2	
19	安装节气门体总成。		1			
20	预紧节气门体螺栓。		1	1		
21	拧紧节气门体螺栓。要点：按对角线方向拧紧螺栓。		1	1	2	
22	连接节气门体上的内侧水管。		2			
23	连接节气门体上的外侧水管。		2			
24	安装节气门体前侧进气管，拧紧抱箍。		2	1		
25	连接曲轴箱通风管。		2	1		
26	清洁整理工具，操作不当扣2分。		2			
27	整理工作台，操作不当扣2分。		2			
28	操作过程中发生零件、工具落地，每发生一次扣0.5分，共10分，扣完为止。		10			
29	零部件摆放没有按照拆装次序，扣5分；零部件摆放凌乱，扣5分。		5			
30	每超时1min扣3分，允许延时5min。		3			
31	由于拆装引起的零件损坏、丢失等，一次扣10分。		10			
32	由于拆装引起的人身伤害，一次扣20分。		20			

任务3

安装机油尺套管、发电机总成、燃油分配管总成、各缸点火高压线、发动机盖板支架、机油尺

一、项目说明

1. 机油尺及机油尺套管

机油尺一般是由钢材制成,安装在机油尺套管内。其主要作用是测量发动机内部润滑油液面的高度,具体如右图所示。

2. 发电机总成及发电机皮带和张紧器

发电机总成结构如右图所示,发电机皮带安装在曲轴皮带轮、发电机带轮、惰轮、转向助力泵带轮、空调压缩机带轮上,由张紧器张紧,防止打滑。其通过曲轴皮带轮带动,将曲轴的动力传递给发电机、水泵、空调压缩机、转向助力泵。拆卸发电机皮带前要先按照皮带旋转方向做好方向标记,如果按相反方向使用有可能损坏皮带。在安装时保证皮带与皮带轮正确地啮合。

安装皮带前还需用定位销按右下图所示的方法将张紧器锁住,以便安装发电机皮带,安装到位后按箭头方向扳动皮带张紧器,取下固定销,使发电机皮带张紧。

3. 燃油分配管总成

燃油分配管总成属于燃油供给系统的一部分,其结构如下图所示,包括进油管、回油管、燃油压力调节器和4个喷油器。其安装在发动机进气歧管上。

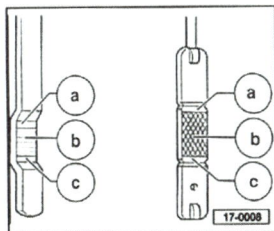

a. 不必加注机油
b. 可以加注机油
c. 必须加注机油
说明:
机油页面不能超过机油尺上的a标记位置

机油尺上的标记

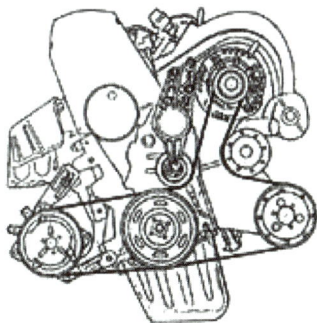

带空调压缩机的皮带布置图

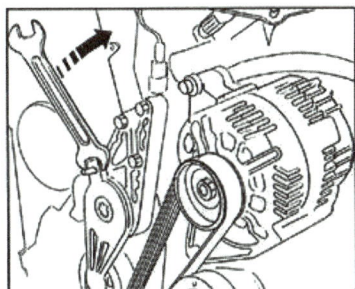

拆卸皮带

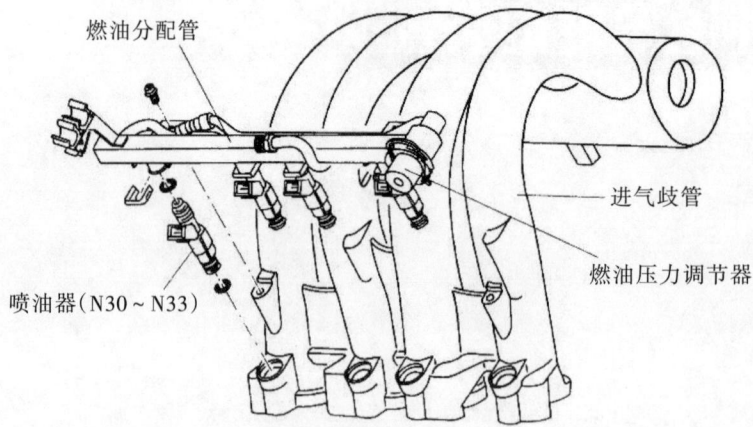

燃油分配管总成

4. 点火高压线

点火高压线,又称分缸线,是连接点火模块和火花塞的连接导线,是点火系统中必不可少的一部分,其主要作用是把点火模块产生的高压火传递到火花塞,使气缸内点火燃烧做功,以推动发动机转动。拆卸时,为使之不步被扯断,必须使用分缸线钳,且要钳在高压线的金属管部位。

5. 发动机盖板支架

发动机盖板支架是由钢材制成的,一个安装在进气歧管上,另一个安装在节气门体上。其用来安装发动机塑料盖板。

二、技术标准与要求

1. 安装机油尺套管前,一定要先清洁再检查机油尺套管下端有无异物,以免影响密封;安装时,一定要将机油尺套管安装到位,避免缝隙造成漏油。

2. 发电机总成上螺栓拧紧力矩:25N·m;下部螺栓拧紧力矩:45N·m。

3. 发电机皮带张紧器固定螺栓拧紧力矩:25N·m。

4. 安装发电机皮带前松开张紧器,用销定位。然后再安装发电机皮带,先安装发电机带轮、曲轴带轮、动力转向助力泵带轮。最后安装惰轮处。这样比较简单,并注意发电机皮带为多契带,安装时一定要安装到位。

5. 安装燃油分配管前应清洁喷油器和喷油器安装孔,再检查燃油分配管上的喷油器是否安装到位。燃油分配管固定螺栓拧紧力矩:20N·m。

6. 安装各缸点火高压线时应注意点火顺序,并用分缸线钳。

7. 发动机盖板支架固定螺栓拧紧力矩:20N·m。

三、实训时间

15min。

四、实训教学目标

1. 知道机油尺套管、发电机总成、分缸线、盖板支架及机油尺的安装顺序和工艺。

2. 会安装机油尺套管、发电机总成、分缸线、盖板支架及机油尺。

五、实训器材

Φ13mm短套筒	中号长接杆	中号棘轮扳手
分缸线钳	Φ17mm开口扳手	Φ6mm定位销
可调扭力扳手	Φ6mm、Φ8mm六角旋具套筒	转换接头
大号短接杆	抹布	

六、教学组织

1. 教学组织形式

本课程为"工艺化"实训课,实训教师1名,学生32名,实训室共有8个实训工位,按照4人1个工位编组。

2. 学生的站位分工和要求

学生按规定的工位站立,根据教师的指令同时进行独立操作。

3. 实训教师职责

播放教学视频,并讲解实训项目的操作步骤和相关的注意事项;下达"开始操作"口令;巡视、检查、指导和纠正学生操作中的错误;课堂总结;组织学生对实训室进行清洁整理。

4. 学生职责

认真观看教学视频;完成教师布置的任务;做好课后的清洁整理工作。

七、核心素养

1. 发电机安装时要小组合作,避免砸伤,增强学生的安全意识。

2. 通过演示喷油器的安装正确方法,防止安装错误,培养学生的观察能力。

3. 点火高压线有安装技术要求,不可装错,否则会引起点火错乱,通过学习技术要求,培养学生的职业素养。

4. 安装完零件后应按7S要求清理并摆放好工具,培养学生良好的职业习惯。

八、操作步骤

第一步　安装机油尺套管	
1. 从零件车上取来机油尺套管。 提示: 清洁气缸体上的机油尺套管安装面和机油尺套管,防止杂物掉入气缸体内。检查机油尺套管末端密封圈是否损坏或变形。	
2. 安装机油尺套管。 提示: 双手安装机油尺套管,注意位置要正确。	
第二步　安装发电机总成	
1. 从零件车上取来发电机总成和固定螺栓。 提示: 清洁发电机总成和固定螺栓,检查发电器是否损坏或变形,固定螺栓是否弯曲或滑牙。	
2. 安装发电机总成和固定螺栓。 提示: 先用双手把发电机总成安装到正确位置,然后用一只手扶着,另一只手将固定螺栓旋入安装孔。如位置不正确,可适当调整发电机总成,防止发电机碰撞或掉落。	

3. 查阅《大众AJR发动机维修手册》。 提示： 查阅《大众AJR发动机维修手册》，掌握发电机固定螺栓的拧紧力矩。	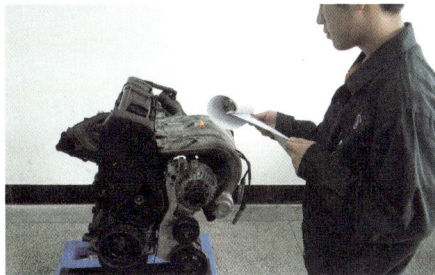
4. 选用TX50花型套筒、中号长接杆、中号棘轮扳手。 提示： （1）正确选择工具并组装，防止掉落。 （2）确认棘轮扳手方向。	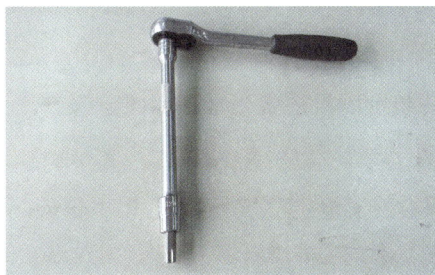
5. 预紧发电机固定螺栓。 提示： 利用工具预紧发电机固定螺栓，注意旋转方向。	
6. 选用TX50花型套筒、中号长接杆、预制力扭力扳手。 提示： （1）选择正确规格的工具并组装，防止掉落。 （2）确认扭力扳手方向。	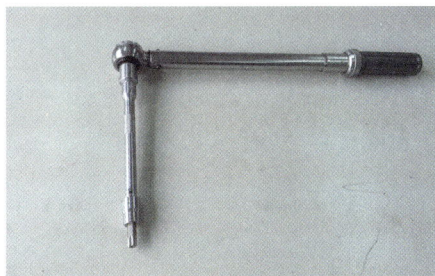
7. 拧紧发电机固定螺栓。 提示： 利用工具紧固发电机固定螺栓。拧紧力矩：25N·m。	
第三步　安装发电机皮带张紧器	
1. 清洁发电机皮带张紧器安装面。 提示： 清洁发电机皮带张紧器安装面，并检查清洁发电机皮带张紧器安装面是否平整，螺栓孔内有无异物，螺纹是否滑牙。	

2. 从零件车上取来发电机皮带张紧器和固定螺栓。 提示： 从零件车上取来发电机皮带张紧器和固定螺栓,检查发电机皮带张紧器有无变形或损坏,固定螺栓有无弯曲或滑牙。	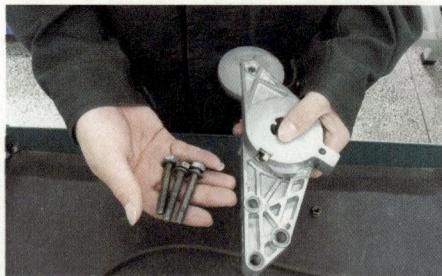
3. 安装发电机皮带张紧器和固定螺栓。 提示： 双手安装发电机皮带张紧器,用手带入固定螺栓。	
4. 查阅《大众 AJR 发动机维修手册》。 提示： 查阅《大众 AJR 发动机维修手册》,知道发电机张紧器固定螺栓的拧紧力矩。 力矩:25N·m。	
5. 选用 Φ13mm 短套筒、中号长接杆、中号棘轮扳手。 提示： (1)正确选择工具并组装,防止掉落。 (2)确认棘轮扳手方向。	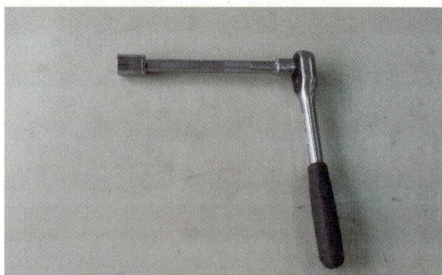
6 .预紧发电机皮带张紧器固定螺栓。 提示： 利用工具分2—3次预紧发电机皮带张紧器固定螺栓。	
7. 选用 Φ13mm 短套筒、中号长接杆、预制力扭力扳手。 提示： (1)选择正确规格的工具并组装,防止掉落。 (2)确认预制力扭力扳手方向。	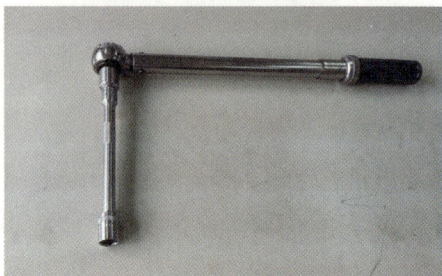

8. 拧紧发电机皮带张紧器固定螺栓。 提示： 利用工具拧紧发电机皮带张紧器固定螺栓。力矩为25N·m。	

第四步　安装发电机皮带	
1. 选用Φ17mm开口扳手、固定销。 提示： 使用开口扳手时必须区分受拉面和受压面。	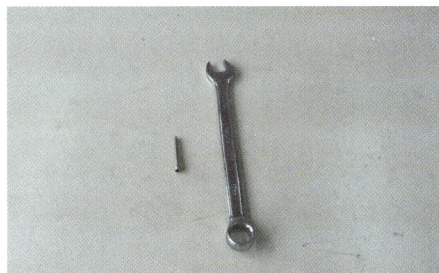
2. 扳动皮带张紧器并固定。 提示： 一只手拿固定销，一只手拿开口扳手，先用开口扳手顺时针方向扳动张紧器到最右端；然后使用固定销插入张紧器定位孔，固定张紧器；最后松开扳手。在操作过程中用力要稳，防止开口扳手滑脱。	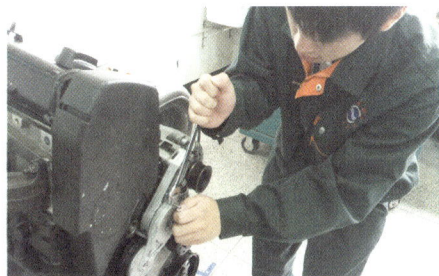
3. 从零件车上取来发电机传动带。 提示： 从零件车上取来发电机传动带，清洁并检查传动带有无老化或油污。	
4. 用手安装发电机传动皮带。 提示： 根据发电机传动皮带的旋转记号"→"，用双手安装发电机传动皮带。	
5. 松开张紧器，取下固定销。 提示： 先用开口扳手顺时针方向扳动张紧器到最右端并保持，迅速用另一只手取下固定销，固定张紧器，然后慢慢地放松开口扳手，使张紧器松开。在操作过程中用力要稳，防止开口扳手滑脱。	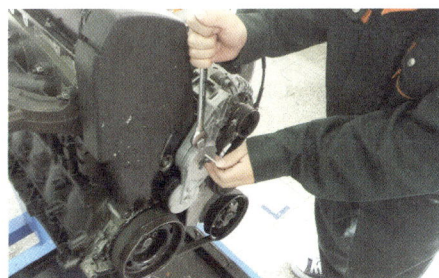

第五步　安装燃油分配管总成	
1. 清洁燃油分配管安装面。 提示： 清洁燃油分配管安装面,检查喷油器安装孔和固定螺栓孔内有无杂物,螺纹是否滑牙。	
2. 从零件车上取来燃油分配管及紧固螺栓。 提示： 从零件车上取来燃油分配管及紧固螺栓,清洁并检查燃油分配管有无弯曲,喷油器安装位置是否正确,紧固螺栓是否弯曲或滑牙。	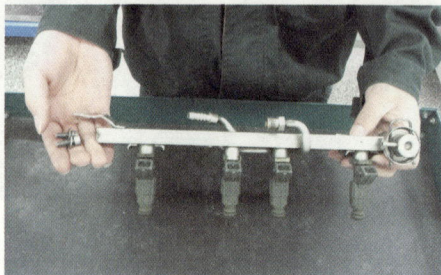
3. 安装燃油分配管总成。 提示： 双手安装燃油分配管总成,安装时先对准4个喷油器的位置,喷油器安装到位后再用手将固定螺栓带入。	
4. 查阅《大众AJR发动机维修手册》。 提示： 查阅《大众AJR发动机维修手册》,掌握燃油分配管总成固定螺栓的拧紧力矩。 力矩：15N·m。	
5. 选用Φ6mm内六角套筒、中号长接杆、中号棘轮扳手。 提示： (1)正确选择工具并组装,防止掉落。 (2)确认棘轮扳手方向。	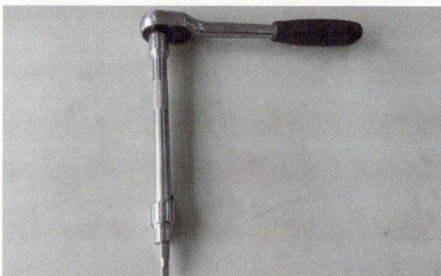
6. 预紧燃油分配管总成固定螺栓。 提示： 利用工具分2—3次预紧燃油分配管总成固定螺栓。	

7. 选用Φ6mm内六角套筒、中号长接杆、预制力扭力扳手。 提示： (1)选择正确规格的工具并组装,防止掉落。 (2)确认预制力扭力扳手方向。	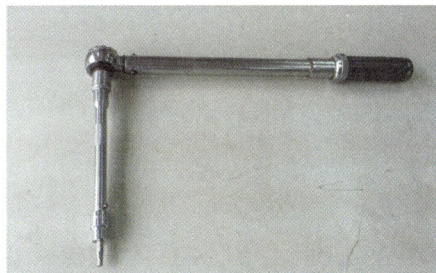
8. 紧固燃油分配管总成固定螺栓。 提示： 利用工具紧固燃油分配管总成固定螺栓,扭紧力矩:15N·m。	

第六步　安装点火高压线

1. 确认各缸分缸线的位置。 提示： 对4根分缸线进行确认,明确其安装位置。	
2. 选用点火高压线拆装专用工具分缸线钳。 提示： 在使用分缸线钳安装点火高压线时,必须钳在高压线的金属管部位。	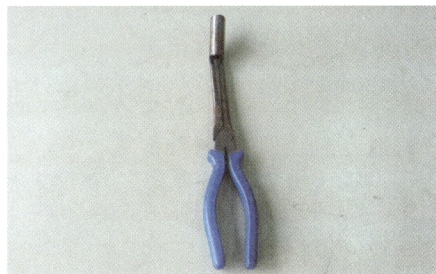
3. 安装各缸点火高压线。 提示： (1)在使用分缸线钳安装各缸点火高压线,按照记号安装1,2,3,4缸点火高压线时,注意高压线与火花塞的连接必须牢靠,避免发动机工作时缺火或弱火。 (2)注意点火顺序。	

第七步　安装发动机盖板支架

1. 清洁发动机盖板节气门体侧支架安装面。 提示： 清洁发动机盖板节气门体侧支架安装面,检查安装面是否平整,螺纹孔有无异物、螺纹是否滑牙。	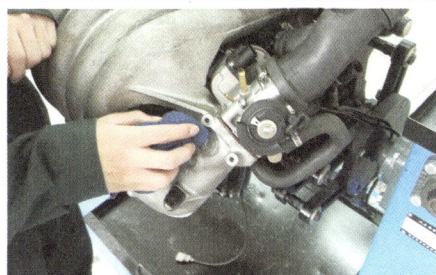

2. 从零件车上取来发动机盖板节气门体侧支架及固定螺栓。

提示：

从零件车上取来发动机盖板节气门体侧支架及固定螺栓,清洁并检查支架有无变形或损坏,螺栓有无缺少或滑牙。

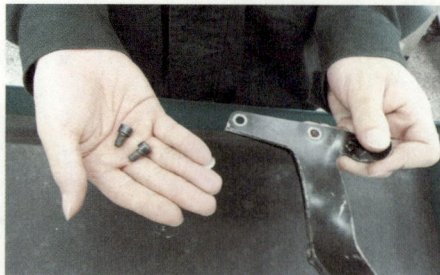

3. 安装发动机盖板节气门体侧支架及固定螺栓。

提示：

安装发动机盖板节气门体侧支架及固定螺栓,确认支架的安装方向,然后用手带入紧固螺栓。

4. 查阅《大众 AJR 发动机维修手册》。

提示：

查阅《大众 AJR 发动机维修手册》,掌握发动机盖板节气门体侧支架固定螺栓的拧紧力矩。

力矩:15N·m。

5. 选用Φ6mm内六角套筒、中号长接杆、中号棘轮扳手。

提示：

(1)选择正确规格的工具并组装,防止掉落。

(2)确认棘轮扳手方向。

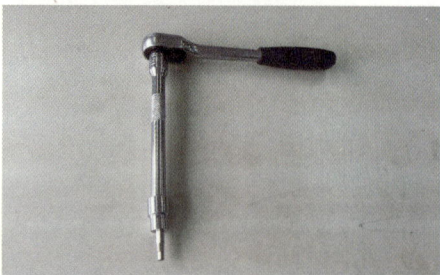

6. 预紧发动机盖板节气门体侧支架及固定螺栓。

提示：

利用工具分2—3次预紧发动机盖板节气门体侧支架及固定螺栓。

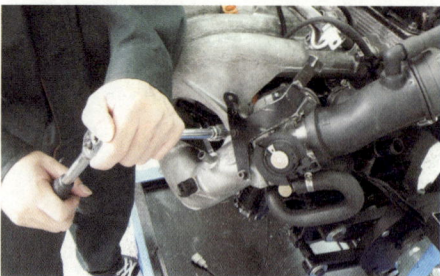

7. 选用Φ6mm内六角套筒、中号长接杆、预制力扭力扳手。

提示：

(1)正确选择工具并组装,防止掉落。

(2)确认扭力扳手方向。

8. 拧紧发动机盖板节气门体侧支架及固定螺栓。 提示： 利用工具拧紧发动机盖板节气门体侧支架及固定螺栓。	
9. 清洁发动机盖板进气歧管侧支架安装面。 提示： 清洁发动机盖板进气歧管侧支架安装面,检查安装面是否平整,螺纹孔有无异物、螺纹是否滑牙。	
10. 从零件车上取来发动机盖板进气歧管侧支架及固定螺栓。 提示： 从零件车上取来发动机盖板进气歧管侧支架及固定螺栓,清洁并检查支架有无变形或损坏,螺栓有无缺少或滑牙。	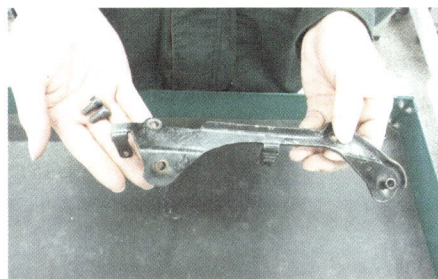
11. 安装发动机盖板节气进气歧管侧支架及固定螺栓。 提示： 安装发动机盖板进气歧管侧架及固定螺栓,确认支架的安装方向,然后用手带入紧固螺栓。	
12. 查阅《大众 AJR 发动机维修手册》。 提示： 查阅《大众 AJR 发动机维修手册》,掌握发动机盖板进气歧管侧支架固定螺栓的拧紧力矩。 力矩:15N·m。	
13. 选用 Φ6mm 内六角套筒、中号长接杆、中号棘轮扳手。 提示： (1)正确选择工具并组装,防止掉落。 (2)确认棘轮扳手方向。	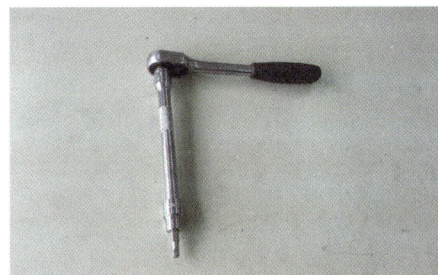

14. 预紧发动机盖板进气歧管侧支架及固定螺栓。 提示： 利用工具分2—3次预紧发动机盖板进气歧管侧支架及固定螺栓。	
15. 选用Φ6mm内六角套筒、中号长接杆、预制力扭力扳手。 提示： （1）正确选择工具并组装，防止掉落。 （2）确认预制力扭力扳手方向。	
16. 拧紧发动机盖板进气歧管侧支架及固定螺栓。 提示： 利用工具拧紧发动机盖板进气歧管侧支架及固定螺栓。	
<div align="center">第八步　安装机油尺</div>	
1. 从零件车上取来机油尺。 提示： 从零件车上取来机油尺，清洁并检查机油尺是否弯曲或变形。	
2. 安装机油尺。 提示： 双手安装机油尺，机油尺必须安装到底。	
3. 清洁，整理工具。 提示： 工具要清洁干净，整齐地摆放在工具车上。	

九、评价标准

任务3　安装机油尺套管、发电机总成、燃油分配管总成、各缸点火高压线、发动机盖板支架、机油尺评分标准

序号	拆装项目:项目六　任务3	实际用时:	评分标准			总分
	操作时间:15min		规范操作	工具使用	拆装要点	
	拆装步骤					得/扣分
1	安装机油尺套管。		1			
2	装上发电机总成,带入上、下紧固螺栓。		1			
3	预紧发电机紧固螺栓。		2	1		
4	拧紧发电机紧固螺栓。		2	1		
5	装上发电机传动皮带张紧器,带入螺栓。		2			
6	预紧发电机传动皮带张紧器螺栓。		2	1		
7	拧紧发电机传动皮带张紧器紧固螺栓。		2	1		
8	松开张紧器,插入固定销。		2			
9	安装发电机传动皮带。		2			
10	松开张紧器,取出固定销。		2	1		
11	安装燃油分配管总成,带入螺栓。要点:喷油器安装要到位。		2	1		
12	预紧燃油分配管总成螺栓。		1	1		
13	拧紧燃油分配管总成螺栓。		1	1		
14	安装各缸点火高压线。 要点:注意点火顺序。		1	1	2	
15	安装发动机盖板节气门体侧支架,带入紧固螺栓。		1	1		
16	预紧发动机盖板节气门体侧支架紧固螺栓。		1	1		
17	拧紧发动机盖板节气门体侧支架紧固螺栓。		1	1		
18	安装发动机盖板进气歧管侧支架,带入紧固螺栓。		1	1		
19	预紧发动机盖板进气歧管侧支架紧固螺栓。		1	1		
20	拧紧发动机盖板进气歧管侧支架紧固螺栓。		1	1		
21	安装机油尺。		1			
22	清洁整理工具。操作不当扣2分。			2		
23	整理工作台。操作不当扣2分。			2		
24	操作过程中发生零件、工具落地,每发生一次扣0.5分,共10分,扣完为止。			10		
25	零部件摆放没有按照拆装次序,扣5分;零部件摆放凌乱,扣5分。			5		
26	每超时1min扣3分,允许延时5min。			3		
27	由于拆装引起的零件损坏、丢失等,一次扣10分。			10		
28	由于拆装引起的人身伤害,一次扣20分。			20		

参考文献

[1]朱军,汪胜国,黄元杰。汽车发动机维修实训教材[M].北京:人民交通出版社,2010.

[2]上海大众售后服务科:桑塔纳2000 GSi AJR 机械机构分册[M].